Tom Wolfe, Jahrgang 1931, arbeitete nach seiner Promotion an der Yale University als Reporter u. a. für »The Washington Post«, »Esquire« und »Harper's«. In den sechziger Jahren gehörte er mit Truman Capote, Norman Mailer und Gay Talese zu den Gründern des New Journalism, einer Synthese aus Journalismus und Literatur. Der vielfach preisgekrönte Schriftsteller (American Book Award etc.) ist als Autor zahlreicher Sachbuch-Bestseller und seines Romans »Fegefeuer der Eitelkeiten« weltweit hoch angesehen.

Von Tom Wolfe sind außerdem erschienen:

Unter Strom (Band 2807)
Fegefeuer der Eitelkeiten (Band 3015)
Worte in Farbe (Band 4826)
Die neue Welt des Robert Noyce (Band 77009)

Dieses Buch wurde auf chlor- und säurefreiem Papier gedruckt.

Vollständige Taschenbuchausgabe August 1993

Titel der Originalausgabe »From Bauhaus to our House«

Originalverlag Farrar Straus Giroux, New York
Die deutsche Erstausgabe erschien 1982 bei Athenäum.
Umschlaggestaltung: Manfred Waller, Reinbek
Umschlagfoto: The Image Bank/Eric Dinyer
Satz: Ventura Publisher im Verlag
Druck und Bindung: Ebner Ulm
Printed in Germany
ISBN 3-426-77056-3

2 4 5 3 1

Tom Wolfe

Mit dem Bauhaus leben
»From Bauhaus to our House«

Aus dem Amerikanischen
von Harry Rowohlt

Knaur

Für Michael McDonough,
der weiß, wo all die spitzen Winkel
im Balkongitter verborgen sind

Vorspruch
oder: Warum Architekten in der Schachtel bleiben müssen

America, the beautiful – Amerika, Du Schöne, mit Deinen Himmeln so weit, Deinen gelben Ähren so wogend –: Hat es auf Erden je ein anderes Land gegeben, in dem so viele Menschen von Wohlstand und Macht so viel Architektur bezahlt und ertragen haben, die sie verabscheuen, wie heutzutage in Deiner heil'gen Grenzen Rund?

Ich möchte das bezweifeln. Jedes Kind geht, wenn es zur Schule geht, in ein Gebäude, das aussieht wie ein Engros-Vervielfältigungsapparate-Ersatzteil-Lagerhaus. Nicht einmal die Bau-Aufsicht, die den Bau beaufsichtigt und die Pläne gutgeheißen hat, weiß, wie es dazu gekommen ist. Ihre Hauptaufgabe besteht darin, den Eltern eine Erklärung schuldig zu bleiben.

Jedes Wochenendhaus zu $ 900 000,- pro Stück in den nördlichen Wäldern von Michigan oder an der Küste von Long Island hat so viele Stahlrohr-Geländer, Rampen, metallene Wendeltreppen mit genieteten Stufen, verspiegelte Glasflächen, ganze Böschungen aus Wolfram-Halogen-Lampen und weiße zylindrische Formen, daß sie aussieht wie eine Insektizid-Siederei. Ich habe erlebt, wie die Besitzer eines solchen Orts durch dessen Helles & Grelles & Reines & Feines & Leeres & Hehres an den Rand des sinnlichen Entzugs-Komas getrieben wurden. Verzweifelt suchten sie ein Gegengift, waren um Gemüt bemüht und mußten doch

nach Farben darben. Sie versuchten, die obligatorischen weißen Sofas unter Knautschkissen aus Thai-Seide in jeder nur vorstellbaren rebellischen irisierenden Schattierung von Magenta, Rosa und tropischem Grün zu begraben. Aber der Architekt kam zurück (er kommt immer zurück) wie das Gewissen eines Calvinisten, und er hielt ihnen eine Standpauke, und er schüchterte sie ein, und er schmiß die schimmernden kleinen süßen Sachen raus.
Jede große Anwaltskanzlei in New York zieht ohne einen Mucks des Protests in eine Glas-Schachtel von Bürogebäude mit Fußböden aus Betonplatten und 2,35 Meter hohen Decken aus Betonplatten und Verputz-Wänden und Pygmäen-Korridoren – und verpflichtet dann einen Innenarchitekten und gibt ihm einen Etat von Hunderttausenden von Dollars, damit er das gemeine Würfel- und Gitterwerk in die horizontale Vision eines Stadtpalais der Restaurationszeit verwandelt. Ich habe gesehen, wie die Zimmerleute und Kunsttischler und Ansorgerinnen mehr Gesimse heranschleppten und Beschläge und Pilaster, geschnitzte Kokillen und Pendentifkuppeln, mehr gefältelte Täfelungen, mehr Kamine mit mahagonigeschnitzten Obstgirlanden über dem (feuerlosen) Feuerloch, mehr Kandelaber, Lichthalter, Armleuchter, Sofas aus Kastanie und Leder, mehr Standuhren, als sich Wren, Inigo Jones, die Brüder Adam, Lord Burlington und die Dilettanti zusammengenommen je hätten träumen lassen.
Sie ziehen ein, ohne »piep« zu sagen –, obwohl die Glas-Schachtel sie alle entsetzt.
Das sind nicht nur meine Eindrücke, ich versprech's Ihnen. Wer detaillierte Beweise will, braucht nur die Konferenzen, Symposien und Preisgerichte aufzusuchen, bei denen sich heutzutage Architekten versammeln, um die Lage der Kunst zu diskutieren. Sie bekennen, selbst entsetzt zu sein. Ohne

Rue de Regret: Avenue of the Americas in New York.
Eine rohe Mies-van-der-Rohe-Glas-Schachtel
hinter der nächsten. Sozialer Wohnungsbau,
fünfzig Stockwerke hoch geschichtet.

zu erröten werden sie Ihnen sagen, daß die moderne Architektur erschöpft ist, ausgelaugt, am Ende. Sie machen selber Witze über *die Glas-Schachteln.* Sie kichern, wenn sie den Ausdruck in den Mund nehmen. Philip Johnson, der sich 1949 ein Glas-Schachtel-Haus in Connecticut gebaut hat, spricht diese Redensart wie ein mäßig belustigter Antiquitätenhändler aus, oder wie einer ein altes Messing-Bettgestell erwähnt, das er auf dem Dachboden gefunden hat. Auf jeden Fall, so versichert man uns, ist man auf dem besten Wege, das Problem zu lösen. Es gibt jetzt neue Zugänge, neue Bewegungen, neue Ismen: den Post-Modernismus, den Spät-Modernismus, den Rationalismus, die Partizipatorische Architektur, Neo-Corbu und die Los Angeles Silvers. Welches, zusammengenommen, *was* bewirkt? Daß man zum Beispiel noch mehr Glas-Schachteln baut und sie mit Spiegelglas verdeckt, damit sie die Glas-Schachteln gegenüber reflektieren und deren langweilige gerade Linien zu Kurven verzerren.

Ich finde die Beziehung, die der Architekt in Amerika heute zu seinem Kunden unterhält, wunderbar exzentrisch, ans Perverse grenzend. In der Vergangenheit zögerten die Leute, welche Palazzi, Kathedralen, Opernhäuser, Bibliotheken, Universitäten, Museen, Ministerien, säulengestützte Terrassen und vielflüglige Villen in Auftrag gaben und bezahlten, nicht, sie als Gesichte ihres eigenen Ruhms erstehen zu lassen, Napoleon wollte Paris in das Rom der Cäsaren verwandeln; nur sollte die Musik lauter sein, und es mußte mehr Marmor verbaut werden. Und so geschah es. Seine Architekten gaben ihm den Arc de Triomphe und die Madeleine. Sein Neffe Napoleon III wollte Paris in ein Rom plus Versailles verwandeln, und so geschah es. Seine Architekten gaben ihm die Opéra, den neuen Louvre und die Rue de Rivoli. Palmerston fegte einst die Ergebnisse einer Aus-

schreibung für den Bau eines neuen Foreign Office vom Tisch und sagte zu Gilbert Scott, dem gerade führenden Architekten der Neo-Gotik, er solle das machen, und zwar im klassischen Stil. Und Scott machte es, weil Palmerston ihm gesagt hatte, er solle es machen.
In New York sagte Alice Gwynne Vanderbilt zu George Browne Post, er solle ihr für die Ecke 5th Avenue und 57th Street ein französisches Château entwerfen, und er kopierte für sie das Château de Blois bis hinunter zur Ziselierung der Messing-Schließstäbe an den Flügelfenstern. Aber seit 1945 vollzieht sich bei unseren Plutokraten, Bürokraten, Aufsichtsräten, Bauträgern der Öffentlichen Hand und College-Magnifizenzen ein unerklärlicher Wandel. Sie werden scheu und zurückhaltend. Urplötzlich sind sie gern bereit, sich ein Glas Eiswasser ins Gesicht schütten zu lassen, halten still, wenn man ihnen aufmunternd in die Fresse schlagen will, quittieren freudig den Tadel, der dem Fett gilt, das eine bourgeoise Seele angesetzt hat: die moderne Architektur.
Und warum? Sie können es Ihnen nicht sagen. Sie heben den Blick zu den leeren Gesichtern der Gebäude, die sie gekauft haben, zu den riesigen ungeschlachten Gebilden, die sie so gründlich hassen, und es ist ihnen selbst ein Rätsel. Sie zermartern sich das Hirn.

I
Der Silberprinz

Unsere Geschichte beginnt in Deutschland, kurz nach dem Ersten Weltkrieg. Junge amerikanische Architekten durchstreifen gemeinsam mit Künstlern, Schriftstellern und einer ungeraden Anzahl von Intellektuellen Europa. Dieses große Städtestreicher-Abenteuer nennt sich »The Lost Generation«. Und was heißt das? In *The Liberation of American Literature* schrieb V. F. Calverton, die amerikanischen Künstler und Schriftsteller hätten das gesamte 18. und 19. Jahrhundert hindurch an einem »Kolonialkomplex« gelitten und ängstlich europäische Modelle imitiert. Aber nach dem Ersten Weltkrieg hätten sie endlich Selbstvertrauen und einen Sinn für Identität gefunden und sich in den Künsten von der Autorität Europas losgesagt. Sehr viel falscher als Calverton kann man das gar nicht verstehen. Das Motto der Lost Generation war, wie Malcolm Cowley es ausdrückte, »In Europa machen sie's besser«. Was damals stattfand, war eine Nachkriegs-Pauschaltour, bei der praktisch jeder Amerikaner – nicht nur, wie in der guten, alten Zeit ein Henry James, ein John Singer Sargent oder ein Richard Morris Hunt – ins Ausland gehen konnte, um zu lernen, wie man ein europäischer Künstler wird. »Der Kolonialkomplex« packte jetzt erst richtig zu, und zwar wie mit einem Doppel-Nelson.

Der europäische Künstler! Was für eine grelle Figur! André Breton, Louis Aragon, Jean Cocteau, Tristan Tzara, Picasso,

Matisse, Arnold Schönberg, Paul Valéry –: solche Geschöpfe hoben sich wie Figurinen von Brancusi aus rostfreiem poliertem Stahl gegen die rauchenden Trümmer Europas ab, wie es der Weltkrieg hinterlassen hatte. Die Trümmer, die Ruinen der europäischen Kultur: das alles gehörte zu diesem Bild. Der angekohlte Knochenhaufen im Hintergrund war genau das, was einen Avantgardisten wie Breton oder Picasso so glanzvoll hervorstechen ließ.

Für die jungen amerikanischen Architekten, die die Pilgerfahrt antraten, war Walter Gropius die grellste Figur von allen. Walter Gropius hatte das Bauhaus 1919 in Weimar, dem Sitz des deutschen Parlaments, eröffnet. Das Bauhaus war mehr als eine Schule; es war eine Kommune, eine spirituelle Bewegung, ein radikaler Zugang zur Kunst in all ihren Formen, ein philosophisches Zentrum, dem Garten des Epikur vergleichbar. Gropius, der Epikur auf diesem Gemälde, schlank, schlicht, aber peinlich exakt frisiert; das volle schwarze Haar zurückgekämmt, für Frauen unwiderstehlich gut aussehend, auf klassische Art korrekt und weltläufig, im Kriege Kavallerieleutnant, wegen Tapferkeit dekoriert: eine Gestalt, die im Zentrum des Malstroms Überlegtheit, Überlegenheit und Überzeugungskraft ausstrahlte.

Der Maler Paul Klee, der im Bauhaus lehrte, nannte Gropius den »Silberprinzen«. Genau: Silber. Gold wäre für so einen feinen und präzisen Mann zu prunkvoll gewesen. Gropius scheint ein Aristokrat gewesen zu sein, der sich durch eine geradezu wundersame Sensibilität jede Tugend dieser Rasse bewahrt, allen Ballast der Vergangenheit dagegen über Bord geworfen hatte.

Die jungen Architekten und Künstler, die ins Bauhaus kamen, um dort zu leben und zu studieren und vom Silberprinzen zu lernen, sagten, man müsse »bei Null anfangen«.

Walter Gropius, der Silberprinz, Weißer Gott Nr. 1.
Junge Architekten kamen, um ihm zu Füßen zu studieren.
Manche, wie Philip Johnson, standen erst Jahrzehnte
später wieder auf.

Diese Redensart hörte man ständig: »bei Null anfangen«. Gropius unterstützte jedes Experiment, das ihnen in den Sinn kam, solange es im Namen einer sauberen und reinen Zukunft geschah. Sogar neue Religionen, wie *Mazdaznan*. Sogar Reformhaus-Diät. Es gab in Weimar eine Phase, da bestand die Bauhaus-Diät ausschließlich aus einem Mus von rohem, frisch geerntetem Gemüse. Das Mus war so schlaff und faserig, daß man Knoblauch beigeben mußte, um irgendeinen Geschmack zu erzielen. Zu der Zeit war Gropius mit Alma Mahler verheiratet, der früheren Mrs. Gustav Mahler, dem ersten und stärksten Exemplar dieser wunderbaren Gattung, die das 20. Jahrhundert hervorgebracht hat, der Künstlerwitwe. Die Historiker sagen, bemerkte sie später, die Merkmale des Bauhaus-Stils seien gläserne Ecken, Flachdächer sowie als solche erkennbar verwendete Materialien gewesen. Sie aber, Alma Mahler-Gropius-Werfel – sie hatte unterdessen den Dichter Franz Werfel in ihre Frohschar aufgenommen –, versichert uns, das unvergeßlichste Charakteristikum des Bauhaus-Stils sei gewesen, »wenn jemand nach Knoblauch aus dem Hals stank«. Und dennoch ...: wie rein, wie sauber, wie glorreich mußte das werden ... *bei Null anfangen!*
Marcel Breuer, Mies van der Rohe, László Moholy-Nagy, Herbert Bayer, Henry van de Velde: Sie alle waren irgendwann mal Lehrer am Bauhaus, gemeinsam mit Malern wie Klee und Josef Albers. Albers unterrichtete im berühmten Vorkurs des Bauhaus; Albers betrat den Raum, legte einen Stapel Zeitungen auf den Tisch und sagte, in einer Stunde wäre er wieder da. Einstweilen sollten die Schüler das Zeitungspapier in Kunstwerke verwandeln. Und wenn er dann zurückkam, fand er aus Zeitungspapier gefaltete gotische Schlösser vor, Segelboote aus Zeitungspapier, Aeroplane, Statuen ... die erstaunlichsten Sachen. Aber dann gab es

Das Bauhaus.
Gropius' ureigenster Verbund, erbaut,
nachdem das Bauhaus 1925
von Weimar nach Dessau gezogen war.

immer noch diesen einen Studenten, ein Fotograf war das, oder ein Glasbläser, und der hatte sich einfach ein Stück Zeitungspapier geschnappt, es einmal gefaltet, hochgestülpt, so daß es aussah wie ein Zelt, und Schluß. Albers nahm dann die Kathedrale und das Flugzeug in die Hand und sagte: »Dies ist aus Stein, und dies ist aus Metall –, aber beides ist nicht aus Zeitungspapier.« Dann ergriff er das zerstreut zusammengefaltete Zelt des Fotografen und sprach: »Dies jedoch! Dies *verarbeitet* die Seele von *Papier*. Papier kann man falten, ohne daß es bricht. Papier ist, bis zu einem gewissen Grade, reißfest, und diese beiden feinen Kanten sind in der Lage, ein geradezu riesiges Gebiet abzustützen. *Dies!* – ist ein Kunstwerk aus *Papier!*« Und im Saal blieb keine Großhirnrinde unentrollt. Oh, so einfach! Oh, so schön ...: als hätte zum allerersten Mal die Sonne ins finstere Hirn gestrahlt. Mein Gott! – *bei Null* anfangen!

Warum auch nicht ... Deutschland, das Land des jungen Bauhäuslers: im Krieg zerschmettert und in Versailles gedemütigt; die Wirtschaft: in einem Inflationsdelirium zusammengebrochen; der Kaiser: abgereist; und die Sozialdemokraten hatten im Namen des Sozialismus die Macht übernommen; tranken Bier und warteten auf eine Revolution nach sowjetischem Muster oder doch zumindest ein paar zünftige Keilereien. Trümmer, qualmende Ruinen: *bei Null anfangen!* Wenn man jung war, war das ganz prima. Bei Null anzufangen hieß nichts anderes, als die Welt neu zu erschaffen.

Wenn man bedenkt, welchen erstaunlichen Effekt dieser merkwürdige Augenblick vor sechzig Jahren in Mitteleuropa auf das Leben in den Vereinigten Staaten hatte, ist es ganz lehrreich, sich an einige der Ermahnungen zu erinnern:

»Maler, Architekten, Bildhauer, ihr, die ihr von der Bourgeoisie reich belohnt werdet für euer Schaffen – hört uns an! An diesem Gelde klebt der Schweiß und das Blut und die Lebenskraft von Tausenden erniedrigter Menschenwesen. Hört! Es ist ein schmutziger Profit ... Wir müssen wahre Sozialisten sein – wir müssen die höchste sozialistische Tugend entfachen: Brüderlichkeit!«

So lautete ein Manifest der *Novembergruppe,* welcher Moholy-Nagy und andere Designer angehörten, die sich später Gropius und dem Bauhaus anschlossen. Gropius war Vorsitzender vom *Arbeitsrat für Kunst* der Novembergruppe, der danach strebte, »unter dem Fittich einer großen Architektur« alle Künste zusammenzubringen, und das war »Aufgabe des ganzen Volkes«. Und im Jahre 1919 verstand jeder *das ganze Volk* als Synonym für *die Arbeiter.* »Das Bildungsbürgertum ... hat sich als unfähig erwiesen zur geistigen Führerschaft«, sagte Gropius, »neue, geistig unentwickelte Klassen drängen aus der Tiefe ans Licht. Ihnen gilt unsere ganze Hoffnung«.

Gropius' Interesse am »Proletariat« oder am »Sozialismus« erwies sich als lediglich ästhetisch und modisch – ähnlich wie das Interesse des Präsidenten Rafael Trujillo von der Dominikanischen Republik oder des Vorsitzenden Mao von der Volksrepublik China am republikanischen Gedanken. Trotzdem haben, wie Dostojevskij sagte, Ideen ihre Folgen; der Bauhaus-Stil entwickelte sich aus bestimmten Postulaten. Erstens wurde die neue Architektur für die Arbeiter geschaffen. Das heiligste aller Ziele: vollkommene Arbeiterwohnungen. Zweitens sollte die neue Architektur alles Bourgeoise weit von sich weisen. Da so gut wie jeder, der damit zu tun hatte, die Architekten so gut wie die sozialdemokratischen Bürokraten, selbst im wörtlichen, sozialen Sinn des Wortes bourgeois war, wurde »bourgeois« zum Epitheton, das alles bedeutete, was es jeweils bedeuten sollte. Es paßte auf alles, was einem am Leben von Leuten nicht gefiel, die es weiter als bis zum Mörtelträger gebracht hatten. Es kam vor allem darauf an, daß man sich nicht dabei erwischen ließ, wenn man etwas zeichnete, entwarf oder anzettelte, worauf dann jemand mit vernichtendem Spott zeigen konnte und sagte: »Wie überaus bourgeois.«

In Deutschland und den Niederlanden planten die Sozialdemokraten Arbeiterwohnsiedlungen und gaben dafür – aus ihren ureigensten politischen Gründen – jüngeren, antibourgeoisen Architekten wie Gropius, Mies van der Rohe, Bruno Taut und J. J. P. Oud den Zuschlag, welch letzterer im Alter von achtundzwanzig Jahren zum Chef-Architekten von Rotterdam ernannt worden war. Oud war Mitglied einer niederländischen Gruppe, die als *de Stijl* bekannt war. Bauhaus und de Stijl waren, wie die gegen alles Bourgeoise gefeite Novembergruppe, weder Akademien noch Firmen; sie glichen überhaupt keiner Organisationsform in der Geschichte der Architektur bis 1897, bis zur Gründung der Wiener *Secession.* In der Wiener Secession »secedierte« eine Gruppe von Künstlern und Architekten – Otto Wagner und Josef Olbrich gehörten dazu – von der offiziell anerkannten österreichischen Kultur-Organisation, dem *Wiener Künstlerhaus.* Nicht einmal die französischen Impressionisten hatten etwas Derartiges gewagt; ihr *Salon des Refusés* war nichts als ein lauter Schrei gewesen, ans Institut National gerichtet: Laßt uns rein! Die Wiener Secession (und die Sezessionen in München und Berlin) bildeten sich als völlig neue Form der Vereinigung, als Kunst-Verbund, als *Gruppe.*

In einem Kunst-Verbund wurde auf die eine oder andere Weise verkündet, meist jedoch in Manifestform: »Soeben haben wir dem offiziellen Kunst-Establishment (der Akademie, dem Institut National, der Künstlergenossenschaft, wem auch immer) das Göttliche in Kunst und Architektur

aus den Händen gerissen, und nunmehr haust es bei uns, innerhalb unseres Verbundes. Wer sich hinfort in jenem göttlichen Glanze baden will, muß sich hierher bemühen, in unseren Verbund, und die Formen akzeptieren, die wir geschaffen haben. Dem Kunden sind Änderungen, Sonderwünsche und lautes Reden verboten. Wir wissen es nämlich besser. Wir stehen in direkter Verbindung mit der Gottheit – der Kreativität –, und das jeden Tag. Wir sind im Besitz der wahren Vision von der Zukunft der Architektur, und zwar exklusiv.« Die Mitglieder eines Verbunds bildeten eine künstlerische Gemeinschaft, trafen sich regelmäßig, vertraten gemeinsam gewisse ästhetische und moralische Prinzipien und teilten diese der Welt mit. Die Wiener Secession baute – wie das Bauhaus fünfundzwanzig Jahre später – einen tatsächlichen, einen physischen Verbund in Form eines exemplarischen Gebäudes; man nannte es »einen Tempel der Kunst«.
Das Manifest war ein typisches Produkt der Kunst-Verbünde, und das hatte mit dem ersten Manifest der italienischen Futuristen 1910 begonnen. Ein Manifest war nicht weniger als die Zehn Gebote eines Verbunds: »Wir waren auf dem Gipfel des Berges und haben Das Wort mitgebracht, und *hiermit erklären wir, daß ...*«
Erstaunlicherweise trat – dank einem Unfall, dessen Opfer die österreichische Geschichte wurde – die Regierung tatsächlich ein (in den Verbund hinein) und akzeptierte die zügellosen Forderungen der Secession. Etwa fünf Jahre lang bekamen dann Wagner und die anderen wichtige Aufträge.* So einfach war das. Die Vorstellung vom kompromiß-

* Die Regierung nahm (fälschlicherweise) an, daß eine neue und kosmopolitische Architektur helfen könnte, die bitteren rassischen und ethnischen Feindschaften im Lande zu überwinden.

losen Architekten wurde stark ansteckend. Vor dem Ersten Weltkrieg hatte sich der privat finanzierte *Deutsche Werkbund* darangemacht, die vollkommenen Formen von Architektur und angewandter Kunst für ganz Deutschland zu entwerfen. (Vom Kunden erwartete man naturgemäß, daß er lärmend um Einlaß bat, um sich etwas davon abholen zu dürfen.) Gropius war eine der führenden Figuren im Werkbund gewesen.

Nach dem Krieg begannen verschiedene Verbünde – Bauhaus, *Wendingen,* de Stijl, Konstruktivisten, Neo-Plastizisten, Elementaristen, Futuristen –, miteinander zu wetteifern, um klarzustellen, welcher von ihnen die reinste Vision hatte. Und woran erkannte man Reinheit? Nun, daran, ob es bourgeois (niedrig, eigennützig, gemein) war oder non-bourgeois (rein).

Die Schlacht um den am wenigsten bourgeoisen Standpunkt begann leicht mondsüchtig zu werden. Zum Beispiel war ganz zu Anfang, 1919, Gropius dafür gewesen, einfache Handwerker ins Bauhaus zu bringen, Zunftleute, ehrliche Arbeiter, Leute mit gerunzelten Stirnen und breiten Fingernägeln, die mit der Hand Dinge für architektonisches Interieur herstellten, einfache hölzerne Möbel, einfache Töpfe und Glassachen, Einfaches hiervon und Einfaches davon. Das schien sehr proletarisch, sehr non-bourgeois. Außerdem interessierte er sich für die krummlinigen Entwürfe der expressionistischen Architekten Erich Mendelsohn und Hugo Häring. Ihre dramatisch gekrümmten Formen sprengten alle bourgeoisen Konzeptionen von Ordnung, Balance, Symmetrie und starrer Baukonstruktion. Ja ..., aber trotzdem ein bißchen naiv von dir, Walter! 1922 wurde in Düsseldorf der 1. Internationale Kongreß Fortschrittlicher Kunst abgehalten. Dies war das erste Treffen von Verbund-Architekten aus ganz Europa. Sofort begaben sie sich auf die

Expressionistische Architektur:
Erich Mendelsohns Einstein-Observatorium.

Matte, um klarzustellen, was *non-bourgeois ist.* Theo van Doesburg, der grimmigste der niederländischen Manifest-Schreiber, warf einen Blick auf Gropius' Ehrliche Arbeiter und expressionistische Kurven, und er lächelte spöttisch und sagte: *Wie überaus bourgeois.* Nur die Reichen konnten sich handgearbeitete Objekte leisten, wie das Ergebnis der Kunsthandwerk-Bewegung in England demonstriert hatte. Um non-bourgeois zu sein, mußte Kunst maschinell hergestellt sein. Und was den Expressionismus betraf, so trotzten seine krummlinigen Formen der Maschine, nicht der Bourgeoisie. Sie waren nicht nur teuer zu fabrizieren, sie waren auch »sinnlich« und »luxuriös«. Van Doesburg, mit seinem Monokel und seiner langen Nase und seinem erstaunlichen Spott, konnte solche Qualitäten so haut-bourgeois erscheinen lassen, daß man mit Übelkeit kämpfen mußte. Gropius war eine ernsthaft geistige Kraft, aber er war auch flink genug und konkurrenzbewußt genug zu sehen, daß van Doesburg ihn in eine grauenhafte Ecke drängte.

Über Nacht träumte sich Gropius ein neues Motto aus, einen neuen Wappenspruch für den Bauhaus-Verbund: »Kunst und Technologie – eine neue Einheit!« Komplett mit Ausrufungszeichen! *Bitteschön;* das sollte van Doesburg und die ganze niederländische Bande aufhalten können. Ehrliche Arbeiter, breite Fingernägel und Kurven verschwanden für immer aus dem Bauhaus.

Aber das war nur der Anfang. Die Definitionen und Behauptungen und Anklagen und Gegenanklagen und Gegenbehauptungen und Gegendefinitionen dessen, was bourgeois war oder nicht, wurden so geläutert, so verfeinert, so geheimnisvoll, so dialektisch, so scholastisch …, daß schließlich das gesamte Entwerfen von Bauten nur noch dem einen Ziel diente: die allmonatliche neue Theorie des Jahrhunderts über das, was zutiefst, unendlich und absolut non-bourgeois ist, zu illustrieren. Die Gebäude wurden Theorien, konstruiert aus Beton, Stahl, Holz, Glas und Stuck. Sie waren innen und außen weiß oder beige und hatten gelegentlich ein kontrastierendes Detail in Schwarz oder Grau. Bruno Taut, Mitglied bei Mies van der Rohes neuer Gruppe, dem *Ring*, hatte seinen Teil der Hufeisen-Siedlung in Berlin mit roten Fassaden entworfen. »Rot Front!« schrie er dann gellend, falls jemand zu beschränkt war zu kapieren, was er meinte. Bruno war ein feiner Kerl. Und, weiß Gott, gründlich non-bourgeois ... Emotional und intellektuell ... Schließlich war er ja auch Marxist, und das in einem Maße, daß auf seiner Stirn die Adern hervortraten. Er war ein Typ, den man naturgemäß mit dem Bau einer Arbeitersiedlung wie Onkel Toms Hütte in Zehlendorf beauftragte. Aber eine rote Fassade? Eine *Farbe?* Also wirklich, lieber Himmel nochmal: *Wie überaus bourgeois!* Warum machte er nicht gleich Nägel mit Köpfen und pflanzte Kapuzinerkresse über die ganze Häuserfront, wie es Otto Wagner 1910 in Wien mit seinem Majolika-Haus getan hatte! Oh, wie kicherten sie über den armen Bruno mit seiner geliebten roten Front. Und so geschah es, daß Weiß, Beige, Grau und Schwarz die patriotischen Farben wurden, die geometrische Farbe aller Verbund-Architekten.

Also: Farbe, ade. Die Theorie, jener heilige Tornado, wirbelte weiter, bis die Gebäude von Verbund-Künstlern kaum noch einem anderen Zweck zu dienen hatten. Sie wurden höchlich, göttlich unfunktional, obwohl alles im Namen des »Funktionalismus« geschah, wobei »funktional« einer der zahlreichen Euphemismen für »non-bourgeois« war.

Zum Beispiel gab es die inzwischen unverletzliche Theorie des Flachdachs und der schieren Fassade. Man hatte, in der Schlacht der Theorien, beschlossen, daß Giebeldächer und Gesimse die »Kronen« des alten Adels repräsentieren, den zu imitieren die Bourgeoisie beständig bestrebt war. Deshalb würde es hinfort nur noch Flachdächer geben; Flachdächer, die mit den Fassaden saubere rechte Winkel bildeten. Keine Gesimse. Keine überhängenden Dachtraufen. Diese jungen Architekten arbeiteten und bauten in Städten wie Berlin, Weimar, Rotterdam, Amsterdam, also etwa am 52. Breitengrad, der außerdem noch durch Kanada, die Alëuten, Moskau und Sibirien verläuft. Auf dieser Schneise des Globus, wo es genug Schnee und Regen gibt, um eine Armee aufzuhalten, wie die Geschichte mehr als einmal bewiesen hat, gab es einfach keine funktionalen Flachdächer und funktionalen Fassaden ohne Überhang. Es ist sowieso schwer vorstellbar, wo ein solches Gebäude überhaupt als funktional angesehen werden könnte – außer in der Gemalten Wüste von Arizona. Trotzdem wandte man sich nicht vom Flachdach und der schieren Fassade ab. Das war zum absoluten Symbol der non-bourgeoisen Architektur geworden. Keine Dachtraufen; dadurch wurde – in keinem Manifest erwähnt – die für alle Zeiten fleckig verschmierte und verschlierte, weiß oder beige verputzte Außenwand zum Wahrzeichen der Verbund-Architektur.

Dann gab es noch das Prinzip der »offenbarten Struktur«. Die Bourgeoisie hatte immer große Stücke auf falsche Vorderfronten gehalten (sowieso; das brauchte man nicht groß zu betonen), auf dickes Mauerwerk und großartige Materialien, überzogen mit jeder Sorte von Rippen und Klippen, mit Ziergiebeln und Oberschwellen und zerklüftet wirkenden Bögen, mit gemütlichen anthropomorphen Elementen wie Säulengebälk und Kapitellen, Pilastern und Pfeilern, Fußplatten und bossenwerkverzierter Basis, um den Eindruck von Kopf, Rumpf und Fuß hervorzurufen; und jede Art von grandioser und sinnloser Gestik – Türmchen, spanische Ziegeldächer, Erker, Bogenfriese –, um ein unehrli-

Le Corbusiers Villa Savoye.
Flaches Dach. Schiere Fassade. Weißer Stuck.
Und Pfeiler. »Säulen« wären zu bourgeois gewesen.

ches Abbild dessen zu schaffen, was innen vorging – architektonisch und gesellschaftlich. Weg damit. Weg mit all dem Mauerwerk, mit all dem feisten und »luxuriösen« Granit, Marmor, Kalkstein; und Backsteine waren auch verdächtig, wenn sie nicht so eingesetzt waren, daß man ihnen gleich ansah, daß sie keine Last zu tragen hatten. Hinfort hatten Wände dünne Häute aus Glas oder Gipsmörtel, Stuck, zu sein. (Kleine glasierte beige Ziegelsteine gingen zur Not noch durch.) Da man Wände nicht mehr brauchte, um ein Gebäude zu stützen – das wurde jetzt von Stahl oder Beton oder hölzernen Skeletten besorgt –, war es unehrlich, wenn man Wände so klumpig baute, daß sie aussahen wie Burgmauern. Die innere Struktur, die maschinell hergestellten Teile, die mechanischen Rechtecke, die moderne Seele des Gebäudes mußte an der Außenseite des Gebäudes offenbart werden, und zwar ohne jede Anwendung von Dekoration. Der allerhöchste Ausdruck dieses Prinzips war das Haus Schroeder des de-Stijl-Architekten Gerrit Rietveld. Rietveld bedachte das Äußere mit vorspringenden Elementen, deren einzige Funktion darin bestand, den Raster, das Diagramm, das Paradigma, die geometrische Progression anzuzeigen, auf denen die Baupläne fußten. Erstaunlich! Welche Virtuosität! Wie überaus non-bourgeois.

So fand nun in der Welt der Architektur-Verbünde der Wettbewerb auf zwei Ebenen statt. Es gab nicht mehr lediglich den uralten Konkurrenzkampf um Aufträge und die Gelegenheit, der Welt zu zeigen, was man konnte, indem man Gebäude entwarf und dabei war, wenn sie wuchsen. Es gab jetzt auch den ausschließlich intellektuellen Wettstreit der Theorien. Da die Göttlichkeit der Kunst nun in den Verbünden weilte und nirgendwo sonst, konnte einen Mann von Inspiration und Genie, einen Priester, einen

Gerrit Rietvelds Haus Schroeder.
Die Niederländer wußten wirklich, wie man
ein Haus bourgeois-proof macht.

Oberpriester, einen Duns Scotus nichts mehr davon abhalten, sich einen Namen zu machen, ohne seine priesterliche Klause auch nur zu verlassen. So entstand ein weiteres einmaliges Phänomen: der berühmte Architekt, der keine Häuser baute.

Der erste war der Futurist Sant' Elia mit seinen visionären Gebäuden für das Mailand der Zukunft gewesen, die er in den Jahren vor dem Krieg mit großer Lust am Detail hervorgebracht hatte. Aber Sant' Elia, der im Krieg starb, war nichts, verglichen mit dem in der Schweiz geborenen Franzosen Le Corbusier. Le Corbusier war ein so unbarmherzig rationaler Intellektueller, wie ihn nur Frankreich hervorbringen kann, der Logiker, der in immer enger werdenden konzentrischen Kreisen immer höher fliegt, bis er, mit einer letzten, zutiefst unvermeidlichen Schlußfolgerung, hoch oben in seinem eigenen fundamentalen Fluchtloch verschwindet und in der vierten Dimension als nadeldünner Hammerkop-Reiher auftaucht.

Le Corbusiers Instinkte für die Verbund-Ära waren untrüglich. Schon gleich zu Beginn schien er zu begreifen, was ein Axiom künstlerischen Wettbewerbs im zwanzigsten Jahrhundert wurde. Nämlich: der ehrgeizige junge Künstler *muß* sich einer »Bewegung«, einer »Schule«, einem Ismus anschließen; einem Verbund. Vergebens durchstöbert man die Geschichte von Kunst und Architektur seit 1900 auf der Suche nach der Gestalt von großem Nimbus, die, nach Art eines Thoreau, zum Trommelschall eines anderen Tambours marschiert, nach dem einsamen Genie, das man nur als *sui generis* beschreiben kann. (Den Sonderfall Frank Lloyd Wright werden wir gleich betrachten.) Nein, die beifallumtoste einsame Gestalt, die man statt dessen findet, ist der Künstler oder Architekt, der, wie Kasimir Malewitsch, schlau genug war, sich das Geschirr einer Bewegung, eines

Le Corbusier. Mr. Purismus.
Er zeigte jedermann, wie man ein berühmter Architekt werden kann, ohne etwas zu bauen.
Er baute eine Strahlende Stadt. In seinem Kopf.

Ismus anzulegen und zu einem Ein-Mann-Verbund wird. Oder, wenn er einen Kumpel finden kann, zu einem Zwei-Mann-Verbund. Woraufhin er schreit: »Ich bin Suprematist [oder Purist! oder Orphist!]! Glaubt bloß nicht, daß ich ganz allein hier draußen stehe! Meine Jungs müssen jeden Augenblick kommen!« Le Corbusier tat sich mit seinem Kumpel Amédé Ozenfant zusammen – und wurde der Purismus.

Le Corbusier war ein dünner, bleicher, kurzsichtiger Mensch, der sich auf einem weißen Fahrrad fortbewegte, wozu er einen enganliegenden schwarzen Anzug, ein weißes Hemd, eine schwarze Krawatte, eine schwarze Brille mit runden Eulenaugen-Gläsern und einen schwarzen Bowler trug. Dem verdutzten Betrachter sagte er, er kleide sich nach dieser Mode, um so adrett und präzise und anonym wie möglich auszusehen, um das perfekte, auf Massenproduktion eingestellte Pfeifenreiniger-Männchen des Maschinenzeitalters zu sein. Er nannte die Häuser, die er entwarf, »Wohnmaschinen«. Le Corbusier reiste nach Deutschland und Holland und war in all den Verbünden wohlbekannt, sowie bei all den Kongressen, Konferenzen, Symposien und Podiumsdiskussionen: überall dort, wo der eindringliche Rhythmus des Manifests, das Lied der Verbünde, erklang: *Wir erklären! – Wir erklären! – Wir erklären! – Wir erklären!* – Er war intensiv, er nagelte einen fest, er war brillant, er war Thomas von Aquin, die Jesuiten, Doctor Subtilis und die Scholastiker, Marx, Hegel, Engels und Fürst Kropotkin in einer Person. Sein *Vers une architecture* war eine heilige Schrift. Gegen 1924 war er eins der herrschenden Genies der neuen Architektur. In seiner Welt war er ... *Corbu!*, so, wie Greta Garbo in ihrer Welt *Garbo!* war; das alles nur durch die Kraft seines Manifests, durch sein Eifern und durch eine Handvoll kleiner Häuser: für seinen Bruder, für Ozenfant, für Verwandte und Bekannte aus der Städtestreicher-Bohème. Danach kam eins für Mutti und Vati. Der Alterssitz für Mutter, den sie selbst bezahlen und ertragen mußte, wurde zur Standarte des Verbund-Architekten schlechthin.

Es war Le Corbusiers ganz besonders trauriges Los, in Frankreich zu leben und zu arbeiten. Wer sollte in Frankreich den Anforderungen genügen, die ein Architektur-Verbund stellte? Und welche lauteten: »Hinfort muß jeder, der wünscht, sich in diesem göttlichen Leuchten zu baden, hierherkommen, in diesen Verbund herein, und die Formen, die wir geschaffen haben, akzeptieren. Keine Änderungen oder Sonderwünsche und kein lautes Reden seitens des Kunden sind gestattet.« Ja, wer?! Praktisch niemand, der nicht von der Mutterliebe eines Corbu besessen oder von *Le Moderne* fasziniert war – wie der Stadtplaner Frugés, der 1925 Le Corbusier den Auftrag für ein paar Sozialwohnungen in Pessac (Bordeaux) gab. Die meisten Sterblichen, die Bauaufträge vergeben konnten, wollten den *Beaux Arts*-Stil, die Synthese der Letzten Tage von klassischen *revivals,* welche mit der Renaissance begonnen hatte. Die Verbünde hatten kein *Publikum,* keine *Kundschaft* im herkömmlichen Sinne. Es gehörte zu den brutalen Fakten des rauhen Lebens, daß es für Verbund-Architekten schwierig war, Arbeit zu bekommen, wenn es nicht eine Regierung – für gewöhnlich eine sozialistische – gab, die, allen Ernstes, beschloß: Wir brauchen hier einen neuen Look, und ihr Burschen habt einen. Hier ist der Etat; macht was; macht, was ihr wollt.

Und so kam es, daß die sozialdemokratisch geführte württembergische Staatsregierung in Stuttgart Le Corbusier einen der ersten großen Aufträge seiner Karriere verschaffte. Das war 1927, und bedanken konnte er sich dafür bei Mies van der Rohe. Die Stuttgarter Regierung übertrug Mies die Verantwortung für eine Reihe von Arbeiterwohnungen, die Weißenhof-Siedlung. Obwohl sein Etat äußerst knapp bemessen war, gelang es Mies, das Projekt zu einer Weltausstellung für Arbeitersiedlungen zu machen. Aus Frankreich holte er Le Corbusier, Oud und Mart Stam aus Holland und Victor Bourgeois aus Belgien; sie sollten sich ihm und elf anderen Deutschen anschließen, unter ihnen Gropius, Bruno Taut, dessen Bruder Max Taut und Peter Behrens. Außenseiter erstaunte die Harmonie oder Eintönigkeit (das hing davon ab, ob sie den Stil mochten oder nicht) in der Arbeit dieser Architekten aus vier verschiedenen Ländern. Es war, als hinge ein neuer *internationaler Stil* in der Luft. Die Wahrheit war, daß der interne Mechanismus des Wettbewerbs innerhalb des Verbundes, der unverwüstliche Reduktionismus – non-bourgeois! – sie alle in dieselbe winzige kubische Schachtel gezwängt hatte, die immer enger wurde – wie die Kammer im »Pendel« von Poe. Wenn sie das göttliche Spiel nicht völlig aufgaben, konnten sie sich kaum dergestalt voneinander unterscheiden, daß dieser Unterschied irgendeiner anderen lebendigen Seele auf Erden sichtbar geworden wäre –, wenn sie nicht gerade selbst auch ein Verbund-Architekt war, die, wie ein Kryptograph, eine Theorie-Brille auf der Nase hatte.

Und wie sahen die Siedlungen für Arbeiter aus? Non-bourgeois, soviel war schon mal sicher: die flachen Dächer, keine Gesimse, schiere Wände, kein Architrav, kein Fenstersturz, keine Farben, nur die Verbund-Schattierungen Weiß, Beige, Grau und Schwarz. Genausowenig gab es innen Kronen oder Krönchen. Dort waren reine weiße Zimmer, nackt, geläutert, befreit, aller Täfelungen ledig, ohne Simse, Wölbungen, Zier-Pinoreks in Kronenform (wäre ja noch schöner), ohne Pilaster und gar ohne Kehlleiste an der Tischkante und ohne Knopfverzierungen an der Kommode. Es gab keine Tapete, keine »Drapierung«, keine knotigen Wilton-Teppiche mit Blumenmuster, keine Lampen mit Fransenschirm und einem Fuß, der aussieht wie eine Vase oder eine griechische Säule, es gab keine Klapperdeckchen, keinen Nippes, kein Kaminsims, kein Kopfende am Bett und keine Heizkörperverkleidung. Die Heizungsspiralen wurden als ehrliche, abstrakte, skulptürliche Objekte nackt und bloß gelassen. Und keine gepolsterten Möbel mit »hübschen« Stoffen. Das Mobiliar wurde aus Ehrlichen Materialien in natürlichen Farbtönen hergestellt: Leder, Stahlrohr, gebogenes Holz, Rohr, Leinen; je leichter und härter – desto besser. Und bitte keine »luxuriösen« Läufer und Teppiche mehr. Graues oder schwarzes Linoleum waren angesagt.

Und wie gefielen die Arbeitersiedlungen den Arbeitern? Oh, sie beklagten sich, wie es in jener Phase der historischen Entwicklung ihre Natur war. Wie Corbu selbst es ausdrückte, mußten sie »umgeschult« werden, um die Schönheit der »Strahlenden Stadt« der Zukunft zu erfassen. In Geschmacksfragen handelten die Architekten als kulturelle Wohltäter der Arbeiter. Es hatte keinen Sinn, wenn man sie direkt befragte, da sie, wie Gropius ausgeführt hatte, einstweilen noch »kulturell unterentwickelt« waren. Und da gab es ja auch den Sozialismus, der in den zwanziger Jahren so große Anziehungskraft auf Architekten ausübte. Der Sozialismus war die politische Antwort, das große »Jawoll« auf die scheinbar maßlosen und unmöglichen Forderungen und Ansprüche des Verbund-Architekten, der sich ausbat, daß der Kunde den Mund hielt. Unter dem Sozialismus war der Arbeiter der Kunde. Und der arme Teufel erhob sich doch erst eben jetzt – hélas – aus dem Urschlamm. Inzwischen mußten der Architekt, der Künstler und der Intellektuelle

Ordnung in sein Leben bringen. Um Stalins Ausdruck zu gebrauchen, sie würden die Ingenieure seiner Seele sein. 1927 beschloß Seeleningenieur Le Corbusier in Stuttgart, daß man den Arbeitern hohe Zimmerdecken und breite Dielen ersparen sollte, sowie auch alle anderen verschiedenen aus der Mode gekommenen Objekte und Dekorationen. Hohe Zimmerdecken und breite Flure, »Geräumigkeit« in jeder Form: auch nur wieder bourgeoiser Größenwahn, der sich lieber in Leerräumen als in Festmetern ausdrückt. 2,25 Meter hohe Zimmerdecken und 88 Zentimeter breite Flure waren gerade richtig, um ... um ... um die Welt neu zu erschaffen.

Bei Null anfangen! Ach Gott! Die amerikanischen Pilger, die jungen amerikanischen Architekten, die Europa zum Sozialtarif bereisten – Louis Kahn, Edward Durrell Stone, Louis Skidmore und viele andere –, brauchten die Position dieser jungen Männer nur mit ihrer eignen zu vergleichen. Worauf konnte ein junger Architekt in Amerika bestenfalls hoffen? Wenn er unverschämtes Glück hatte, bekam er vielleicht den Auftrag, an der Nordküste von Long Island ein Wochenendhaus für irgendeinen Wall-Street-Raffzahn zu entwerfen. Louis Kahns Freund George Howe sagte gern: »Wir gaben ihnen meist ländliche normannische Herrensitze, an denen alles dran war, bis auf den Misthaufen.« Prima. Das Aufregendste in amerikanischen Architektenkreisen waren jene tapferen neuen Stilarten, das Nordküsten-Normannisch und das Westchester-Tudor, auch als Börsenmakler-Halbfurnier bekannt. War das ein Ziel, aufs innigste zu wünschen, wenn man es damit verglich ..., *die Welt neu zu erschaffen?!*

Bisher war der amerikanische Architekt ein Mann gewesen, dessen Job darin bestand, den scheppernd romantischen

Phantasien von Kapitalisten Zusammenhalt und Detail zu verleihen. Aber jetzt, in Europa, sah man Architekten in ganzen Gruppen mit der göttlichen Autonomie der größten Künstler zu Werke gehen.

Nein, die Arbeitsweise der europäischen Verbünde – Gropius, Bauhaus, Mies, Corbu, de Stijl – war denn doch zu verlockend. Es mußten jedoch vorher einige Probleme gemeistert werden. Es fing schon mal damit an, daß das Vorhaben, bei Null anzufangen, in den Vereinigten Staaten nicht den geringsten Sinn ergab.Traurig, aber wahr: Die Vereinigten Staaten waren durch den Ersten Weltkrieg nicht auf ein rauchendes Trümmerfeld reduziert worden. Sie waren aus dem Krieg als die Nummer 1 hervorgegangen. Sie waren als Kriegsteilnehmer nicht nur nicht demoliert, dezimiert, ausgeblutet oder in eine Revolution katapultiert worden. Sie waren jetzt eine der Großmächte, jung, aufstrebend, vor Kraft und roher animalischer Gesundheit berstend. Damit nicht genug, hatten sie keinen Adel, der entmachtet, diskreditiert, gescholten, verteufelt oder sonstwie ernstgenommen werden mußte. Sie hatten noch nicht einmal eine Bourgeoisie. In Abwesenheit eines Adels oder einer wie auch immer gearteten Adelstradition funktionierte das europäische Prinzip Bourgeoisie nicht. (Amerikanische Schriftsteller, von der feschen europäischen Haltung geblendet, importierten sie trotzdem, wie ein Paar Schuhe von Lobb oder Beluga-Kaviar im irdenen Topf, und begannen, von der »Booboisie«, von »Babbitt«, »Boosterism« usw. zu sprechen.) Der Sozialismus erregte nur sehr wenig Interesse. Nicht einmal für Arbeitersiedlungen interessierte sich jemand. Niemand redete auch nur darüber.

Trotzdem ...: Es mußte sein! Wie konnte man sich heraushalten, nachdem man die Strahlende Stadt gesehen hatte?

Die große neue europäische Architektenvision von der Arbeitersiedlung mußte nach Amerika gebracht werden, mit allen dazu nötigen Mitteln, in jeder dazu nötigen Form. In *jeder* Form.

Oh, junge Silberprinzen vor einem Hintergrund aus Trümmern!

II
Utopia mbH

Und so geschah es, daß eins der närrischsten und einflußreichsten Dokumente in der ganzen Geschichte des Kolonialkomplexes geschrieben wurde. Das Stück hieß »The International Style«, und großgeschrieben hatten es Henry-Russel Hitchcock und ein siebenundzwanzig Jahre alter Kurator am Museum of Modern Art, Philip Johnson. Sie hatten es für den Katalog einer Ausstellung von Fotos und Modellen geschrieben, die 1932 New York mit Gropio *et aliis* und ihrem Werk bekannt machen sollte. Der Ausdruck »International Style« war dem Titel eines Buchs entlehnt, das Gropius sieben Jahre zuvor veröffentlicht hatte, *Internationale Architektur.*

Die Texte in Museumskatalogen, sonst stets Ergebnis von Zwangsarbeit oder einer Gelehrsamkeit, wie sie durch einen Pistolenlauf an der Schläfe blüht, sind für ihre Sophisterei berüchtigt, wenn sie nicht schlicht schriller Unsinn sind.

Aber »The International Style« war Literatur höherer Ordnung. Er *leuchtete* ... mit der halluzinatorischen Klarheit eines Handzettels der Kirche des Unbenetzten Fußes vom Genezareth. Die beiden Männer bellten einen silbrigen, prinzlichen Mond an.

Absolut todernst konstruierten sie einen Unterschied zwischen *Architektur* und *Bauen,* ganz wie es Vitruvius vor fast 2000 Jahren getan hatte. Der Kursivsatz sollte, vermutlich, andeuten, daß es sich hierbei um objektive, wissenschaftliche Kategorien handelte. In Europa schufen Gropius, Mies van der Rohe, Le Corbusier und Oud – die vier großen »europäischen Funktionalisten«, wie Hitchcock und Johnson sie nannten – *Architektur.* In Amerika konnte man das, was die Architekten betrieben, selbst wenn sie dachten, sie seien modern und funktional, nur als *Bauen* bezeichnen. Doch, doch, es gab immer noch Frank Lloyd Wright, natürlich ... Und mit einem gewissen Überdruß zollten ihm Hitchcock und Johnson Respekt für seine Arbeit ... die nun auch schon weit genug zurücklag ... und kamen dann zu dem Schluß, er sei lediglich »halbmodern«. Das bedeutete: Er war hinüber; man konnte ihn vergessen.

Was nun den Stolz der amerikanischen Architektur des zwanzigsten Jahrhunderts, den Wolkenkratzer, betrifft, so mußten sie schwer an sich halten, um nicht laut herauszuplatzen. Die Wolkenkratzer waren leere Kompositionen, mit »Zickzack-Zuckerguß« aufgemotzt, und Gott weiß was noch alles. Amerikanische Architekten und ganz besonders amerikanische Wolkenkratzer-Architekten waren immer gern bereit, ihre Gebäude durch schlechtes Design zu »entstellen«, wenn es der Kunde verlangte. Die Europäer, so ließen sie durchblicken, würden jeder Kommission den Rücken kehren, bevor sie sich auf irgendeine derartige Dummheit einließen.

In seinem Vorwort zur Buchausgabe von *The International Style* betrachtete Alfred Barr, der Direktor des Museum of Modern Art, die Zinnen, die *Kronen* der berühmtesten New Yorker Wolkenkratzer. Er war entsetzt. »Die Wasserspeier aus rostfreiem Stahl auf dem Chrysler Building«, »der phantastische Anlege-Poller auf dem Empire State« –: wie hatten solche Vulgaritäten entstehen können? Ganz einfach: Amerikanische Architekten hielten still und hörten zu, wenn der Kunde sprach. Er hatte sogar gehört, daß Architekten –

Das Empire State Building (links)
und das Chrysler Building.
Über die Weihnachtsbaum-Ornamente
auf dem Dach wurde herzlich gelacht.

allerdings zynisch – argumentierten, ihre scheußlichen kleinen Ornamente und hohlen Grandiositäten seien »funktional«, da eine der Funktionen eines Gebäudes darin bestehe, dem Kunden zu gefallen. »Man verlangt von uns«, sagte Barr, »daß wir den Architektur-Geschmack von Grundstücksspekulanten, Wohnungsmaklern und Immobilien-Haien ernstnehmen sollen!«

Hitchcock und Johnson handelten auf vielen Seiten die Entwürfe der großen »Funktionalisten« ab – und würdigten die Analyse solcher unbequemen Themen wie Arbeiter, Arbeiterwohnungen und Sozialismus keines Blattes; von den leicht irren Schlachten der Verbünde ganz zu schweigen. Es setzte nur die beiläufige kryptische Bemerkung, amerikanische Architekten könnten »für ihre Wolkenkratzer und Eigentumswohnungen nicht die breite soziologische Berechtigung in Anspruch nehmen, die für die Arbeiterwohnungen, die Schulen und Krankenhäuser Europas besteht.«

Ansonsten gaben sie nicht den geringsten Hinweis darauf, daß *International Style* – und dieses Etikett bürgerte sich sofort ein – vor irgendeinem gesellschaftlichen Hintergrund entstanden sein könnte, auf irgendeiner wie auch immer gearteten *terra firma.* Sie präsentierten ihn als einen unerbittlichen Trend, von gleichsam meteorologischer Natur, wie einen Wetterumschlag oder eine Sturmflut. Der »International« war nicht weniger als der erste große universelle Stil seit der zweiten Blüte des Mittelalters und der Klassik und der erste wahrhaft moderne Stil seit der Renaissance. Und wenn die amerikanischen Architekten auf der Welle reiten wollten, anstatt von ihr hinweggespült zu werden, mußten sie zuallererst etwas begreifen: der Kunde zählte nicht, er zahlte. Wenn er kooperativ war, nicht allzu ungehobelt, dann war er annehmbar; dann durfte er aus der neuen Vision Nutzen ziehen. Wie das praktisch klappen sollte, sagten sie nicht dazu. Muß eine Sturmflut erklären, was sie als nächstes vorhat?

Die Ausstellung und der Katalog versetzten die amerikanische Architektur-Gemeinde in hellen Aufruhr, und zwar hauptsächlich wegen des Museums-Status als solchen. Das Museum of Modern Art war der Kolonialkomplex, zu verschwenderischen Dimensionen aufgeblasen. In Europa wurden Avantgarde-Bewegungen, seien es die Fauvisten, die Kubisten, die Neo-Plastizisten oder das Bauhaus, von Künstlern und Architekten angeregt und entwickelt. In Europa war das so; darüber wurde gar nicht groß geredet. In einem späteren Stadium, wie in Wien nach der Jahrhundertwende und in Paris und London in den frühen zwanziger Jahren, konnte es passieren, daß sie von waghalsigen Geschäftsleuten und anderen Angehörigen der armen Bourgeoisie aus politischen Gründen oder kultureller Pietät oder einfach, um als schick, »modern« und alles andere als bourgeois zu gelten, unterstützt wurden. Nur in Amerika war die Reihenfolge genau umgekehrt. Nur in Amerika stellten Geschäftsleute und ihre Frauen avantgardistische Kunst und Architektur vor und trugen das trutzige Banner voran und bedrängten die praktizierenden Künstler, ihnen zu folgen, falls sie genügend Verstand aufbringen konnten, mit ihnen schrittzuhalten.

Das Museum of Modern Art war schließlich nicht gerade dem Hirn von Sozialisten oder visionären Bohémiens entsprungen. Es wurde in John D. Rockefeller jr.'s Wohnzimmer, um genau zu sein, gegründet, wobei A. Conger Goodyear, Mrs. Cornelius Newton Bliss und Mrs. Cornelius J. Sullivan anwesend waren. Sie hatten gesehen, wie ihre Gegenstücke in London den Chic und die Aufregung genossen, die Picasso, Matisse, Dérain und der Rest von *Le Moderne* zu bieten hatten, und waren entschlossen, all das für sich selbst nach New York zu importieren. 1929 wurde das Museum eröffnet, und der europäische Modernismus in Malerei und Bildhauerei war über Nacht als der neue Standard für die Küste in Amerika überwältigend etabliert, *institutionalisiert.* Die *International Style*-Ausstellung war dazu angelegt, ein Gleiches für den europäischen Modernismus in der Architektur zu tun.

Unsere visionären Avantgardisten! Die Rockefellers, Goodyears, Sullivans und Blissens! Oh, Ölmänner, Autoreifenmänner, Miederwarenjobber nebst Gattinnen!

Es war wunderbar. Es war die Handlung von Gilbert und Sullivans Oper *Utopia Limited.* König Paramount, Herrscher eines tropischen Paradieses, hat gehört, die Engländer seien in allem, was Kleidung, Sprache, Manieren und Gesittung betreffe, der allerletzte Schrei, und bekehrt seinen Hofstaat zum englischen Stil. Er und seine Gefolgsleute steigen unverzüglich aus ihren Muumuus, Palmwedeln und Orchideenblüten und zwängen sich in Breeches, Gehröcke, Perükken, Korsetts, Krinolinen und spitze Schuhe. Er befiehlt seinen Untertanen, dem Beispiel zu folgen. Sie gehorchen, verwirrt, aber beeindruckt.

In der Oper entdecken der König und seine Landsleute, wie nicht anders zu erwarten, nach und nach, daß die angeborene Eingeborenen-Art doch die beste war; und zuletzt lacht man über die Europäer. An dieser Stelle trennen sich Gilbert und Sullivan von der New Yorker Kunstwelt. Keine Sekunde lang hegten die Ölmänner und die Reifenmänner oder ihre Untertanen – d. h. die Künstler – auch nur den geringsten Zweifel daran, daß die europäische Art die beste sei. Während der gesamten dreißiger Jahre grollten und grummelten und protestierten die einheimischen Künstler, besonders Arshile Gorky, weil das Museum all seine Mittel für europäische Arbeiten zur Verfügung stellte und ihnen nie eine Chance gab. Aber sie waren nicht mit dem Herzen dabei. Der Kolonialkomplex war so intensiv geworden, daß die Standard-Reaktion auf den Ruf der Europäer nicht darin bestand, mit ihnen zu wetteifern, sondern sie zu imitieren, und das oft mit totaler Freimütigkeit.

Gorkys Modell war Picasso, und es scherte ihn nicht, wer das wußte. Ein Freund sagte Gorky, seiner, des Freundes, Meinung nach arbeite Picasso in letzter Zeit träge und nachlässig. Auf vielen Leinwänden seien die Ränder verwischt. Sogar Farbtropfer habe es gegeben.

»Wenn Picasso verwischt«, sagte Gorky, »verwische ich auch. Wenn er tropft, tropfe ich auch.«

Im nächsten Augenblick jedoch schien seine ganze Einstellung ohne Hoffnung zu sein. Er fiel in tiefe Depressionen. Eines Tages rief er alle Künstler, die er kannte, zu einer Versammlung in sein Atelier.

»Wir wollen uns nichts vormachen«, sagte er zu ihnen. »Wir sind pleite.«

So war die Stimmung, als Hitchcock und Johnson den International Style vorstellten. Sie ahnten kaum, daß sie nur Boten waren, Elijahs, Mahaviras, taufende Herolde für ein Ereignis, noch wundersamer als alles, worum sie je zu beten gewagt hätten: die Ankunft.

III
Die weißen Götter

Dann war er plötzlich selbst hier, in Amerika, 1937, der Silberprinz. Walter Gropius; persönlich; in Fleisch und Blut; und nicht nur für einen kurzen Besuch. Nachdem die Nazis die Macht ergriffen hatten, war Gropius aus Deutschland geflohen, zuerst nach England und nun in die Vereinigten Staaten. Andere Stars des legendären Bauhaus kamen etwa zur gleichen Zeit an: Breuer, Albers, Moholy-Nagy, Bayer und Mies van der Rohe, der 1939 Leiter des Bauhaus geworden war – zwei Jahre, nachdem Gropius, der damals schon wegen der linken Aura des Verbunds unter Druck stand, zurückgetreten war. Da kamen sie, entwurzelt, erschöpft, Männer ohne Heimat, vom Schicksal übel zugerichtet.

Gropius hatte das gesunde Selbstbewußtsein jedes ehrgeizigen Menschen, aber er war zuallererst ein Gentleman, ein Gentleman der alten Schule, ein Mann, der immer einen Sinn für Proportionen gehabt hatte, im Leben wie im Design. Ich bin sicher, daß er, als Flüchtling aus einem heimgesuchten Land, mit einem freundlichen Empfang zufrieden gewesen wäre, mit einem Raum, wo er sein Haupt betten konnte, mit zwei bis drei Mahlzeiten am Tag, bis er auf eigenen Füßen stehen konnte, ein Lächeln hier und da, die Möglichkeit zu arbeiten, wenn ihn jemand brauchte. Und statt dessen …

Den Empfang, den man ihnen hier bereitete, kann man nur

mit einer bestimmten Standard-Szene aus den Dschungel-Filmen jener Epoche vergleichen. Bruce Cabot und Myrna Loy machen eine Bruchlandung im Dschungel, klettern mit ihren weißen Safari-Blusen und braunen Reithosen von der Firma Abercrombie & Fitch aus dem Flugzeugwrack und taumeln auf eine Lichtung. Sie werden von Wilden umringt, die sich alle einen Knochen durch die Nase gebohrt haben –, und sofort verbeugen sich die Wilden und werfen sich nieder und stimmen einen seltsamen, klagenden Gesang an.

Die weißen Götter!

Endlich vom Himmel herabgestiegen!

Gropius wurde zum Leiter der Schule für Architektur in Harvard ernannt, und Breuer folgte ihm dorthin. Moholy-Nagy eröffnete das New Bauhaus, das sich zum Chicago Institute of Design entwickelte. Albers eröffnete ein ländliches Bauhaus in den Hügeln von North Carolina, beim Black Mountain College. Mies wurde als Dekan der Architektur-Fakultät im Armour Institute in Chicago eingesetzt. Und nicht nur als Dekan; auch als Baumeister. Man gab ihm ein Universitätsgelände, auf dem er schaffen konnte, insgesamt einundzwanzig Gebäude, denn das Armour Institute wurde zum Illinois Institute of Technology umgewandelt. Einundzwanzig große Gebäude, mitten in der Depression, zu einer Zeit, als die Bautätigkeit in den Vereinigten Staaten fast zum Stillstand gekommen war – für einen Architekten, der, nach fünfundzwanzig Jahren, während seiner gesamten Karriere nur siebzehn Gebäude fertiggestellt hatte … Oh, weiße Götter.

Wie sie sich vor ihnen in den Staub warfen! Welche Huldigungen! Das Museum of Modern Art ehrte Gropius mit einer Ausstellung namens »Bauhaus 1919–1928«: der Zeitraum, in dem Gropius sein Leiter gewesen war. Philip John-

Ludwig Mies van der Rohe. Weißer Gott Nr. 2.
Er steckte halb Amerika in deutsche Arbeitersiedlungs-Würfel.

son, inzwischen fünfunddreißig Jahre alt und MoMA's Kurator für Architektur, legte sein Amt nach der Ausstellung nieder, um nach Harvard zu gehen und zu Gropius' Füßen Architektur zu studieren. Bei Null anfangen! (Wenn denn die ganze Wahrheit ans Licht soll: Er hätte Mies' Füße vorgezogen, aber für einen überaus weltläufigen jungen Mann wie Johnson, da können wir sicher sein, war der Gedanke, für drei Jahre nach Chicago, Illinois, zu ziehen, etwas mehr Null als nötig.)
Es war befremdlich, vielleicht ..., aber es war so, daß man lernen konnte, damit zu leben. Innerhalb von drei Jahren hatte sich der Kurs der amerikanischen Architektur grundlegend geändert. Es waren nicht so sehr die Gebäude, die die Deutschen in den Vereinigten Staaten entwarfen, obschon Mies ein Jahrzehnt später überaus einflußreich werden sollte. Es war mehr das System der Unterweisung, das sie einführten. Und noch stärker war es ihre Gegenwart als solche. Die legendärsten Geschöpfe in der gesamten Mythologie der amerikanischen Kunst des 20. Jahrhunderts – nämlich diese blendend grellen europäischen Künstler, die sich so ausgesucht cool von den Trümmern abhoben –, sie waren ... hier! ... jetzt! ... im Lande des Kolonialkomplexes ..., um – höchstpersönlich – über ihr großes kleines Nigeria der Schönen Künste zu herrschen.
Diese seltsame Spätphase der Kolonialgeschichte blieb keinesfalls auf die Architektur beschränkt, denn der Kolonialkomplex durchdrang alles. Stars der beiden großen rivalisierenden Bewegungen der europäischen Malerei, der Kubisten und der Surrealisten, begannen in den späten dreißiger und frühen vierziger Jahren als Flüchtlinge ins Land zu kommen. Léger, Mondriaan, Modigliani, Chagall, Max Ernst, André Breton, Yves Tanguy –: *Oh, weiße Götter!* Die *American Scene* und die *Social Realist*-Malerei der dreißi-

ger Jahre verschwand und ward nie mehr gesehen. Von den Europäern lernten die Künstler in New York, wie man sich eine eigene Klerisei schafft. Der erste amerikanische Kunst-Verbund, die so genannte »New York School« der abstrakten Expressionisten, bildete sich in den vierziger Jahren; mit regelmäßigen Zusammenkünften, Manifesten, neuen Theorien, einer neuen Schule des Sehens, mit allem Drum und Dran. Arnold Schönberg, der weiße Gott all der weißen Götter in Europa, kam 1936 als Flüchtling. Für die nächsten vierzig Jahre wurde aus der Ernsten Musik in Amerika eine Fußnote zu Schönbergs Theorie der seriellen Komposition. Darin lag eine beträchtliche Ironie. Viele europäische Komponisten sahen amerikanischen Jazz und amerikanische Komponisten wie George Gershwin, Aaron Copland und Ferde Grofé als befreiende Kräfte, als Ausweg aus dem Hyper-Rationalen der europäischen Avantgarde-Musik, wie es durch Schönberg verkörpert wurde. Doch ernste amerikanische Komponisten hatten im allgemeinen nichts davon. Sie benahmen sich wie Saudis, denen man sagt, ihre Zelte seien wunderbar, weil sie so natürlich und bodenständig und erdverbunden seien. Sie wollten nur das einzig Wahre – das Europäische –, und sie klammerten sich, nach Rache dürstend, daran. Danach sprach man nur noch herablassend von Gershwin, Copland und Grofé – oder unverhohlen spöttisch.*

In der Architektur wurde naturgemäß der Silberprinz das

* Gleiches geschah in der Psychologie. Es kamen so viele Freudische Psychoanalytiker in die Vereinigten Staaten (z. B, Heinz Hartmann und Ernst Kris), daß die Vereinigten Staaten das einzige wichtige Zentrum Freudischer Psychologie auf der ganzen Welt wurden. Amerikanische Beiträge zur Psychologie – sogar solche, die in Europa hoch angesehen waren, wie die von William James – wurden die nächsten vierzig Jahre lang als rückständig abgetan.

Ausführende Organ, der Gouverneur der Kolonie. Der Lehrbetrieb wurde über Nacht umgewandelt. Alle fingen bei Null an. Jeder wurde in den Grundbegriffen des Internationalen, d. h. des Verbund-Stils unterwiesen. Alle Architektur wurde zur non-bourgeoisen Architektur, obwohl das Konzept als solches diskret *unoffenbart* blieb. Die alten Traditionen der Schönen Künste wurden Ketzerei, und so ging es auch dem Vermächtnis Frank Lloyd Wrights, das es ohnehin kaum geschafft hatte, bis in die Architekturschulen vorzudringen. Innerhalb von drei Jahren war jeder sogenannte größere Beitrag zur zeitgenössischen Architektur – ob von Wright, von H. H. Richardson, dem Schöpfer des schwer mit rustikalem Bossenwerk verzierten *American Romanesque*, oder von Louis Sullivan, dem Führer der »Chicago School« von Wolkenkratzer-Architekten – in die Fußnoten hinabgefallen, in die *ebd.*-Dickichte.

Wright selbst war wütend und, was in seinem Leben selten genug vorkam, verwirrt. Schwer zu sagen, was ihm stärker unter die Haut ging: die Tatsache, daß seine Arbeit von den Europäern in den Hintergrund geschoben worden war, oder die Tatsache, daß er nun wie ein lebender Leichnam behandelt wurde. Man erwies ihm zwar noch allen schuldigen Respekt, aber das hörte sich oft wie ein Gedenkgottesdienst an. Zum Beispiel richtete das Museum of Modern Art 1940 eine Ausstellung über Wrights Werk aus – aber diese Ausstellung war ebenfalls dem Werk des Filmregisseurs D. W. Griffith gewidmet, der sich 1931 zurückgezogen hatte. Mies gab eine sehr anmutige Erklärung darüber ab, was Wright für ein Genie war und wie er den europäischen Architekten die Augen geöffnet habe ... damals vor dem Ersten Weltkrieg ... Was er den über achtzig Gebäuden verdankt haben mochte, die Wright seitdem entworfen hatte, sagte er nicht.

Das Robie House von Frank Lloyd Wright, Chicago 1906.
Exemplarisch für seinen Prärie-Stil und den Traum
von einer total amerikanischen Architektur. Träume …

Die späten Zwanziger und die frühen Dreißiger waren für Wright verheerend gewesen. Er war bereits achtundfünfzig, als 1925 sein Studio in Taliesin, Wisconsin, abbrannte. Ärger mit seiner Geliebten, Miriam Noel, schien ihn in seiner Arbeit zu lähmen. Seine Geschäfte waren schon vor der Depression stark zurückgegangen. Wright hatte sich schließlich, wie ein zaristischer Adliger, der auf dem Oberleder geht, in seinem renovierten Bau in Taliesin verschanzt und dorthin etwa ein Dutzend Lehrlinge mitgenommen, die als die »Taliesin Fellows« bekannt waren, sowie seine runden Filzhüte, Baskenmützen, Stehkragen, wallenden Schlipse und Capes von Stevenson, dem Schneider in Chicago. Wright war Louis Sullivans Lehrling gewesen und hatte mit ihm gebrochen oder war von ihm gefeuert worden – beide hatten ihre eigene Version –, aber Wright hatte Sullivans Vision von einer total neuen und total amerikanischen Architektur übernommen, die sich von amerikanischem Boden und aus dem Geist des Mittleren Westens erheben sollte. Und nun, endlich, in den späten dreißiger Jahren, gab es in Amerika eine total neue Architektur, und sie war direkt aus Deutschland, Holland und Frankreich gekommen, wobei Le Corbusier die französische Komponente war. Wenn Wright las, daß Le Corbusier ein Gebäude fertiggestellt hatte, sagte er jedesmal: »Nachdem er jetzt ein Gebäude fertig hat, wird er vier Bücher darüber schreiben«. Le Corbusier besuchte die Vereinigten Staaten ein einziges Mal und entwickelte eine Phobie gegen Amerika – und Wright entwickelte eine Phobie gegen Le Corbusier. Er weigerte sich, die einzige Gelegenheit, ihn kennenzulernen, wahrzunehmen. Er wollte ihm nicht die Hand geben müssen. Und was Gropius betraf, so sprach Wright von ihm immer als »Herr Gropius«. Ihm wollte er auch nicht die Hand geben. Eines Tages besuchte Wright überraschend eine Baustelle

Frank Lloyd Wright, um 1935.
Er blickte in die Zukunft der amerikanischen Architektur … und sah das Gesicht von Walter Gropius. Kein angenehmer Anblick.

in Racine, Wisconsin, wo das erste seiner »Usonian«-Häuser, preiswerter Ausgaben seiner »Prairie-School«-Herrensitze, hochgezogen wurde. Wrights roter Lincoln Zephyr fuhr vor dem Haus vor. Einer seiner Lehrlinge, Edgar Tafel, diente als Chauffeur und saß am Steuer. In dem Augenblick kamen ein paar Männer aus dem Gebäude. Unter ihnen war kein anderer als Gropius persönlich, der an die University of Wisconsin gekommen war, um Vorlesungen zu halten, und begierig darauf war, Wrights Arbeiten zu sehen. Gropius kam heran, steckte sein Gesicht durchs Autofenster und sagte: »Mr. Wright, es ist mir ein Vergnügen, Ihre Bekanntschaft zu machen. Ich habe Ihre Arbeit immer bewundert.« Wright verzog keine Miene zu einem Lächeln und hob keine Hand zum Gruß. Kaum merklich wandte er den Kopf zum Gesicht am Fenster und sagte aus dem Mundwinkel heraus: »Herr Gropius, Sie sind Gast der hiesigen Universität. Ich möchte Ihnen nur sagen, daß die Leute hier genauso snobistisch sind wie in Harvard, nur daß sie keinen New-England-Akzent haben.« Daraufhin wandte er sich an Tafel und sagte: »Wir müssen weiter, Edgar!« Und er lehnte sich zurück, und der rote Zephyr sauste davon und ließ Gropius nebst Begleitung bebend auf dem Kantstein mit von der Sonne durchschienenen Ohren zurück.*
Eins zu Null für Daddy Frank (wie die Fellows Wright nannten, wenn er außer Hörweite war)! Aber das waren schale Siege. Daddy Frank hatte gerade das Gesicht des Deutschen gesehen, der ihn als die Zukunft der amerikanischen Architektur abgelöst hatte.
Tafel und die anderen Fellows waren inzwischen Wrights einzige Gefolgsleute. Bei den Architekturstudenten in den

* Edgar Tafel, Apprentice to Genius: *Years with Frank Lloyd Wright* (McGraw-Hill, New York 1979).

Universitäten hörte man nur noch vom International Style. Seit die Pilger aus Europa zurückgekehrt waren und das Museum of Modern Art begonnen hatte, die Verbund-Architekten anzupreisen, hatte sich der Enthusiasmus ausgebreitet. Als die weißen Götter plötzlich erschienen, wurde der Enthusiasmus zur Bekehrung im religiösen Sinne. Es wurde ein Eifer an den Tag gelegt, der weit über die normalen Leidenschaften ästhetischen Geschmacks hinausging. Es war die esoterische, oberpriesterliche Inbrunst, die sie alle ergriffen hatte. *»Fortan wird die Göttlichkeit der Kunst und die Autorität des Geschmacks hier bei uns weilen ... «* Die Architektur-Fakultäten an den Universitäten wurden zur amerikanischen Version der Verbünde. Das war eine Auffassung von Architektur, die den amerikanischen Architekten von einem Lieferanten für Börsenmakler zu einem Seelen-Ingenieur machte. Und wegen der Depression taten die Börsenmakler ohnehin nicht viel für die Geschäfte der Architekten. Die Bautätigkeit war fast zum Erliegen gekommen. Das machte es der Architektur-Gemeinde noch leichter, die Theorien der weißen Götter über das Anfangen bei Null anzunehmen.

Wenn man Architektur studierte, ging es nicht mehr darum, sich einen Satz technischer Fertigkeiten und die Kenntnisse ästhetischer Alternativen zu beschaffen. Bevor er wußte, wie ihm geschah, sah sich der Student in einer Bewegung wieder, in welcher man ihm einen Satz unverletzlicher ästhetischer und moralischer Prinzipien anvertraut hatte. Der Campus selbst wurde zum physischen Verbund, wie einst das Bauhaus. Die amerikanischen Campus-Verbünde unterschieden sich voneinander – und zwar fast unmerklich – wie de Stijl vom Bauhaus. Harvard war reines Bauhaus. In Yale experimentierte man mit Variationen. In gewisser Weise schien das Prinzip des »Holzrahmens mit Integral-Verfu-

gung« erfrischend rebellisch zu sein – aber man mußte schon das hochfeine Empfinden des Doktor Subtilis haben, um zu erklären, warum. Auch dies war ganz in der Manier der europäischen Verbünde.
Angehörige des Lehrkörpers rannten in ihr Verderben, wenn sie der Verbund-Leidenschaft widerstanden. Die Studenten wurden aufsässig. Sie verfaßten Petitionen – Manifeste im Embryonalstadium. Keine mühseligen Aquarelle mit chinesischer Tusche mehr wie einstens, als die Schönen Künste herrschten! Keine lästigen Renaissance-Wiedergaben mehr! Seht euch doch mal Mies' Zeichnungen an. Er schattierte überhaupt nicht; nur hurtige, knackige, gerade Linien, sauber und direkt. Und seht euch die von Corbu an! Seine Zeichenkunst – ein veritables Gekritzel! Ein kunterbunter Ansturm der Ideen! Seine Entwürfe waren Aquarellstudien in Mauve und Marron, so schnell und von schrecklicher Schönheit wie ein Sturm! Genie –! man mußte es *herausströmen* lassen! Wir erklären: Keine Plackerei mehr mit Renaissance-Details! – und der Lehrkörper klappte zusammen. Gegen 1940 war das Skizzenhafte von Corbus zuckendem Federkiel zum modernen Standard der Zeichenkunst geworden. Mit der irgendwie grausigen Euphorie Savonarolas, der die Perücken und schimmernden Kleider der florentinischen Fleischtöpfe verbrennt, wiesen Architekturdekane die Hausmeister an, alle Gipsabdrücke klassischer Details hinauszuwerfen, pädagogische Requisiten, in einem halben Jahrhundert oder länger gehäuft. Ich meine, mein Gott, diese ganzen Esquilinischen Vasenbrunnen und Kapitelle vom Tempel der Vesta ... Wie überaus bourgeois.
Yale veranstaltete jedes Jahr einen Design-Wettbewerb, und die Preisrichter wählten immer den Studenten aus, der effektiv die beste Show abgezogen hatte. Aber nun rebellier-

ten die Studenten. Und warum? Weil es in der Schrift hieß, von Gropius selbst geschrieben: »Der fundamentale pädagogische Fehler der Akademie entwickelte sich aus dem gesteigerten Wert, der auf individuelles Genie gelegt wurde.« Gropius' und Mies' Losungswort war *»Team«arbeit.* Gropius' eigene Firma in Cambridge hieß nicht etwa »Gropius & Co.« – aber auch nicht im entferntesten! Sie hieß »The Architects' Collaborative«. In Yale bestanden die Studenten auf einem Gruppenprojekt, einem kollaborativen Design, um die obszöne Jagd nach individuellem Ruhm abzuschaffen.

Jetzt, in den späten vierziger und frühen fünfziger Jahren, kam Buckminster Fuller zu seinem Recht. Fuller war ein amerikanischer Designer mit einem endlosen Vorrat an sinnreichen Ideen; eine war die geodätische Kuppel, eine Kuppel aus Tausenden kurzer, dünner, zu Tetraedern angeordneter Metallverstrebungen. Fullers Kuppel paßte schön in das moderne Prinzip: große Strukturen mit leichter Oberfläche aus maschinengefertigten Materialien schaffen und dabei Spannung und Druck für die Arbeit verwenden, die vorher von massiven Stützen für die alte (bourgeoise) Ordnung geleistet worden war. Aber Gropius und den anderen war bei Fuller nicht recht wohl. Schwer zu entscheiden, ob er Architekt, Ingenieur, Guru oder einfach die Art Spinner war, die man auf der ganzen Welt kannte: *der Erfinder.* Für amerikanische Universitätsstudenten jedoch war er mindestens ein Guru und noch viel, viel mehr. Er hielt erstaunliche zwölfstündige Vorlesungen, riesige nahtlose geodätische Kuppeln aus Wörtern, die junge Leute mit elastischem Rückgrat und guten Nieren erbauend, ja berauschend fanden. In Yale wurden die Studenten nach einer der erstaunlichen Vorstellungen von Fuller zu einer Ekstase rebellischer und kollaborativer Aktion hingerissen. Sie konstruierten eine enorme geodätische Kuppel aus Pappverstrebungen und stellten sie oben auf das grausteinerne neogotische Gebäude der Architektur-Fakultät, Weir Hall, und wenn Sie glauben, der Dekan hätte gewagt, etwas dagegen zu unternehmen, haben Sie sich ganz schön geschnitten, und die Kuppel vergammelte langsam in luftiger Höhe.

1950 bekam Yale seinen eigenen Bauhäusler, als Josef Albers aus North Carolina übersiedelte, um Dekan für Kunsterziehung zu werden. Albers begründete sofort den legendären Vorkurs des Bauhaus; nur ging es ihm diesmal nicht darum, Zeitungspapier auf den Pulten zu verteilen. Jetzt legte er buntes Zellophanpapier auf den Tisch und sagte den Studenten, sie sollten Kunstwerke schaffen. In seiner Eigenschaft als Maler hatte Albers die letzten vierzehn Jahre mit dem Versuch verbracht, das Problem (falls es eins ist), das übereinandergelegte Farbvierecke darstellen, zu lösen. Jetzt hatte er Yale-Studenten, die das für ihn besorgten ..., und Monat um Monat verging. Yale zog, einfach weil es Yale war, hervorragende Künstler von High Schools überall in Amerika an. Ein junger Mensch, der ein Stück Marmor nehmen konnte und daraus ein Kissen meißelte, das aussah, als sei es mit sinnlich-prallen Daunenwogen vollgestopft, so daß man jederzeit sein Haupt darin vergraben konnte: diese Reinkarnation des großen Bernini saß dann da, hielt Albers' unerbittliches Buntpapier in Händen ... *bei Null anfangen* ... sah, wie Albers auf die süßen kleinen Schichten aus bunten Vierecken zeigte, die irgendein Grützbrägen von Fotograf geklebt hatte, und hörte ihn sagen: »Aber *dies!* – ist Form, aus Licht modelliert!« Und die Wände der Verbund-Schachtel rückten wieder ein paar Zoll enger zusammen.

Die Verbund-Tabus, welche regelten, was bourgeois war und was non-bourgeois, wurden bald zum absoluten zentralen Nervensystem der Architekturstudenten, als hätten sie schon immer zu ihrem Gen-Kode gehört. Zu der Zeit ging eine bizarre Geschichte durch die Presse: Ein Betrunkener hatte einem Fußwäscher-Baptisten aus dem Hochland von Tennessee die Flinte an die Schläfe gesetzt und ihm befohlen, eine wüste Verwünschung Jesu Christi auszusprechen. Dem Opfer war gar nicht nach Martyrium zumute; verzweifelt gern hätte er seine Haut gerettet. Er ruhte jedoch zu fest im Glauben, und *er brachte die Worte nicht über die Lippen,* und wenn er es noch so sehr versuchte, woraufhin ihm das Hirn aus dem Schädel gepustet wurde.

So war es bei der neuen Architekten-Generation in den späten vierziger Jahren. Es war einfach *undenkbar,* daß sich bei ihnen ein Kunde mit seinem Wunsch nach Walmdach oder italianisierten Gesimsen durchsetzte, daß man ihnen geriefelte Säulen, romanische Fensterstürze oder sonstigen bourgeoisen Ballast in die Entwürfe finassierte. Und wenn sie es noch so sehr versuchten, sie konnten ihrem Zeichenstift keine solche Form abzwingen.

Oh, weiße Götter.

Amerikanischen Studenten war schon immer die intellektuelle Schwäche zu eigen – und die göttliche Gnade zuteil –, daß sie nicht lange stillsitzen können, wenn man sie mit Ideologie und rigidem flämischen Mauerwerk – eins längs, eins quer, eins hoch – aus Logik und Dialektik traktiert. Sie wollen es nicht, und sie kriegen es auch nicht. Jede mögliche Verbindung, die Arbeitersiedlungen oder antibourgeoise Ideale einmal mit einem politischen Programm in Deutschland, Holland oder sonstwo gehabt haben mochten, entzog sich ihnen. Sie führten sich lediglich den sentimentalen Aspekt zu Gemüte. Ich weiß noch, was für tapfere Pläne junge Architekten in Yale und Harvard in den frühen fünfziger Jahren für *den einfachen Mann* in der Schublade hatten. Das war der Ausdruck, den sie verwendeten: *der einfache Mann.* Sie hatten die vage Vorstellung, daß es sich beim einfachen Mann um einen Arbeitnehmer handelte und nicht um den PR-Chef eines Großunternehmens, aber davon abgesehen war alles Charlotte Trilby und Charles Dikkens. Sie entwarfen Dinge für den einfachen Mann bis hinunter zu wirklich winzigen Details wie Kippschaltern. Der Neue Befreite Einfache Mann sollte wohnen wollen wie der Kultivierte Asket. Man wollte ihn nach dem Bilde des Greenwich-Village-Bohémiens, B. A., der späten vierziger Jahre kneten –: Hudson-Bay-Hemden aus dunkler Wolle, Tweedjacken, Flanellhosen, Bruyère-Pfeifen, Sandalen & Simplizität –; nur daß er eben in einem ungeheuren Haufen aus Glas und Stahl leben sollte, d. h. in einem Siedlungsprojekt nach dem »International Style« mit Aufzügen, anstatt in einem dreistöckigen Klinkerbau mit Treppenhaus. Soviel zur Ideologie. Den anderen Aspekt der Verbund-Architektur dagegen, das Design, begriffen sie gründlich in all seiner reduktionistischen Finesse, einer Feinheit, wie sie auch eine Operationsnadel bei der Ausführung stereotaktischer Eingriffe aufweist. In Yale fiel den Studenten allmählich auf, daß alles, was sie entwarfen, daß alles, was der Lehrkörper entwarf, daß alles, was Kritiker, die als Gastdozenten kamen (und ihre Entwürfe kritisierten), entwarfen ... , gleich aussah. Jeder entwarf die gleiche ... Schachtel ... aus Glas und Stahl und Beton, welcher gelegentlich von winzigen beigen Ziegelsteinen abgelöst wurde –; dies wurde als die Yale Box bekannt. Die ersten ironischen Zeichnungen der Yale Box erschienen auf den Anschlagbrettern. »Die Yale Box in der Mojave-Wüste«: ein Bild von der Yale Box, wie sie sich nordöstlich von Palmdale (Kalifornien) zwischen Salbeibüschen und Yucca-Palmen zu schaffen macht. »Die Yale Box besucht Pu-den-Bär«: das Bild eines Würfels aus Glas und Stahl, das Baumhaus für das Kind der Zukunft. »Die Yale Box auf der Suche nach Kapitän Nemo«: ein Bild der Yale Box zwanzigtausend Meilen unter dem Meer mit einem Periskop oben und einem Propeller hinten. Holder Wahnsinn umspielte die Sache mit der Yale Box –, aber: nichts geschah! Selbst in ernsteren Momenten konnte keiner etwas zeichnen, das *keine* Yale Box war. In Wahrheit sah es so aus, daß sich die Architekturstudenten in eben dieser Schachtel befanden, in jener Schachtel, die Verbund-Architekten vor zwanzig Jahren in Europa über ihnen zusammengefaltet hatten.

Die Wohnung jedes jungen Architekten und die Bude jedes Architekturstudenten war diese Schachtel und dieser Schrein. Und in diesem Schrein war immer die gleiche Ikone. Ich sehe sie noch vor mir. Das Wohnzimmer war ein schäbiger kleiner Raum im Hinterhaus einer Mietskaserne ohne Aufzug. Das Sofa war eine Matratze auf einer schlichten Tür, die auf Ziegelsteinen ruhte, das Ganze mit einer Mönchskutte bedeckt. Als Vorhang diente weiterer Kuttenstoff, und auf dem Fußboden lag ein Sisalteppich, der morgens Cordrippen auf den Fußsohlen hinterließ. Erleuchtet wurde diese Wohnung von Heizlampen mit Schraubzwinge und Halbkugel-Reflektoren aus Aluminium und normalen Glühbirnen statt der Heizbirnen. Und auf einem Ende des Teppichs stand er dann, der *Barcelona-Stuhl.* Mies hatte ihn für seinen deutschen Pavillon auf der Weltausstellung in Barcelona 1929 entworfen. Er war das platonische Ideal *Stuhl,* ganz pur in Arbeitersiedlungs-Stahl gehalten, das perfekteste Stück Möbel-Design des zwanzigsten Jahrhunderts. Für den Barcelona-Stuhl mußte man jedoch den erschütternden Preis von 550 Dollar hinlegen, im Großeinkauf.

Wenn man dieses heilige Objekt auf dem Sisalteppich sah, wußte man, daß man sich in einem Haushalt befand, in dem ein eben flügge gewordener Architekt und seine junge Frau alles geopfert hatten, um das Symbol der göttlichen Mission in ihrem Heim aufstellen zu können. Fünfhundertfünfzig Dollar! Sie brachte die Windeln schon lange nicht mehr in die Wäscherei, sondern wusch sie mit der Hand. Das ging so weit, daß ich, gleichgültig, wo ich war, sofort – nach dem klassischen Stimulus-Reaktions-Muster – wenn ich einen Barcelona-Stuhl sah, sauer gewordene Windeln zu riechen begann.

Aber wenn sie den Stuhl schon hatten – warum wusch sie die Windeln immer noch mit der Hand? Weil ein Stuhl nur die halbe Reise nach Mekka war. Mies verwendete sie immer in Paaren. Der Stand der Gnade, die Strahlende Stadt –: das waren zwei Barcelona-Stühle, auf jeder Seite des Sisalteppichs einer, vor dem Sofa aus der schlichten Tür, unter dem Licht der Heizlampen-Reflektoren.

Wenn ein junger Mann auf diese Weise gelitten und Opfer gebracht hatte, wenn alles Fett säuberlich aus seinem Innenleben entfernt war und der Glanz des Mazda auf dem Scheitelpunkt seiner Seele erstrahlte – wer konnte ihn dann draußen in der großen Welt noch aufhalten?

Etwa zu dieser Zeit begab es sich, in den späten vierziger und frühen fünfziger Jahren, daß *der Kunde* in Amerika zu bemerken begann, daß mit den Architekten etwas sehr Merkwürdiges stattgefunden hatte. Die erste heftige Erschütterung – viele weitere sollten noch folgen – geschah 1953 in Gestalt des Anbaus der Yale-Kunstgalerie. Kaum zehn Jahre zuvor, am Vorabend des amerikanischen Kriegseintritts, hatte Yale ein Bauprogramm von gewaltigen Ausmaßen vollendet, welches den Campus in eine so nahe Annäherung an Oxford und Cambridge verwandelt hatte, wie es für den menschlichen Geist eben noch vollziehbar ist – und zwar so schnell wie möglich und in Süd-Connecticut. Edward Harkness, ein Partner von John D. Rockefeller, und John Sterling, der mit Eisenbahnen ein Vermögen gemacht hatte, spendeten das meiste Geld. Achtzehn mittelalterliche Festungen wurden aufgetürmt, Turm auf Turm, in College-Hochgotik, um zehn Internats-Universitäten Raum zu geben (die Schlafräume waren im Mittel-Atlantischen Yale gehalten), vier Hochschulen, einer Bibliothek, einem Kraftwerk, dessen verstrebter Schornstein einen an die Kathedrale von Reims erinnerte, einer neunstöckigen Turnhalle, die als St.-Schweiß-Dom bekannt war, und dem zwanzig Stockwerke hohen Harkness Tower (mit Vierklang-Läutwerk ganz oben). All diese dräuenden Strukturen hatten mit Bossenwerk verzierte Steinfassaden. Die Neo-Gotik ging so weit, daß man die Fensterflügel mit Blei verglaste (sowieso) und Handwerker anstellte, die das Glas für die Fenster bliesen, ätzten und mit mittelalterlichen Motiven einfärbten, viele davon detaillierte Abbilder religiöser Gestalten und mythischer Tiere, in scheinbar willkürlichen Abständen. Das Ergebnis war ein Campus, architektonisch fast so einheitlich wie Jeffersons University of Virginia. Ob man es gutheißen mag oder nicht: Yale wurde zur Vision der Business-Barone, wenn sie sich ein luxuriöses *collegium* für die Söhne der Oberschicht vorstellten, die das neue amerikanische Imperium in Gang halten sollten.

Der Anbau der Kunstgalerie in New Haven an der Ecke York Street und Chapel Street war das erste größere Bauvorhaben in Yale nach dem Zweiten Weltkrieg. Ein grauer kleiner Mann namens Louis Kahn wurde dazu als Architekt herangezogen. Was ihn dazu besonders empfahl, schien der Umstand zu sein, daß er mit dem Dekan der

Architektur-Fakultät, George Howe, befreundet war. Die bereits vorhandene Galerie, nur fünfundzwanzig Jahre früher gebaut, war ein italienischer romanesker Palazzo, den Egerton Swartwout, ein Architekt, der in Yale lehrte, entworfen und Harkness bezahlt hatte. Er hatte massive Gesimse und ein steiles Schieferdach. Auf der Seite, die nach der Chapel Street hinausging, prunkte er mit großen, von gerippten steinernen Bögen eingerahmten Fenstern.

Kahns Anbau war ... eine Schachtel ... aus Glas, Stahl, Beton und winzigen beigen Ziegeln. Wie aus seinen Modellen und Zeichnungen ganz klar hervorging, sollte es in der Chapel Street keine Bögen, kein Gesims, kein Bossenwerk, kein spitzes Dach geben – nur eine schiere leere Wand aus kleinen glasierten beigen Ziegeln. Die einzigen erkennbaren Einzelheiten auf dieser glatten, öden Oberfläche sollten fünf enge Bänder aus den gleichen beigen glasierten Ziegelsteinen in Abständen von zehn Fuß sein.

Für einen Marsmenschen oder einen durchschnittlichen Yale-Studenten ähnelte das Gebäude einem Woolco-Discountladen in einem Einkaufszentrum. Im größten öffentlichen Raum, der Galerie, war die Decke aus grauen Beton-Tetraedern gefertigt, voll dem Auge des Betrachters preisgegeben. Dies gab dem Interieur das Aussehen einer unterirdischen Großgarage.

Die Universitätsverwaltung war schockiert. Kahn war seit zwanzig Jahren Architekt und konnte kaum ein halbes Dutzend Gebäude vorweisen. Und diese Gebäude waren von Ausmaßen und Proportionen, die man allgemein als recht nett bezeichnet. Er selbst sah auch nicht irgendwie übermäßig aus. Er war klein. Er hatte buschige rötlich-weiße Haare, die bald hier-, bald dorthin abstanden. Er trug zerknitterte

Die Kunstgalerie in Yale.
Das alte Gebäude (rechts), 1928 von Egerton Swartwout entworfen. Der Anbau (links) von Louis Kahn kam fünfundzwanzig Jahre später hinzu.

Hemden und schwarze Anzüge. Die Ärmel glänzten an den Ellenbogen. Er hatte immer eine kleine Zigarre von unglücklich gewähltem Farbton im Mund.
Sein Schlips war immer locker gebunden. Er war kurzsichtig, und in den Hörsälen, in denen er als Gastkritiker diente, konnte man Kahn sehen, wie er sich die meterlange Blaupause eines Studenten bis auf 7,5 Zentimeter vor die Augen drückte.
Aber das war nur äußerlich.
Irgendwo, tief im Innern des ganzen Schlamassels, schien ein geschmolzener Kern von Zuversicht zu sein ... und von *architektonischer Schicksalsgewalt* ... Kahn betrat den Hörsaal, starrte trübe die Studenten an, öffnete den Mund, und aus den Tiefen erklang eine bemerkenswerte Stimme:
»Jedes Gebäude muß seine ... eigene ... *Seele* haben.«
Eines Tages kam er in den Hörsaal und begann eine Vorlesung mit den Worten: »Licht ... *ist.«* Es folgte eine Pause, die sieben Tage zu dauern schien, lang genug, die Welt neu zu erschaffen.
Seine unwahrscheinliche physische Erscheinung machte diese Momente nur noch eindrucksvoller. Die visionäre Leidenschaft dieses Mannes war unwiderstehlich. Alle waren geplättet.
Genauso starrte Kahn die Herren von der Verwaltung an, und die Stimme sagte: Was soll das heißen, »es hat nichts mit dem bereits existierenden Gebäude zu tun«? Ihr versteht das nicht? Ihr *seht* das nicht? Seht ihr denn die Bänder nicht? Sie drücken die Fußbodenlinien des existierenden Gebäudes aus. Sie *enthüllen* die *Struktur.* Ein Vierteljahrhundert lang waren diese Fußböden hinter Mauerwerk versteckt, völlig verborgen. Jetzt werden sie *enthüllt.* Jetzt wird die gesamte Struktur *enthüllt.* Ehrliche Form – *Schönheit,*

wenn man so will –, kann nur aus *enthüllter* Struktur erwachsen!
Enthüllte Struktur? Hat er *enthüllte Struktur* gesagt? Verdutzt, aber irgendwie eingeschüchtert, als wäre Cagliostro oder irgendein *hoondang* des Jacmel-Kultes am Werk gewesen, wich Yales Universitätsverwaltung der architektonischen Schicksalsgewalt und trug es wie ein Mann.
Verwalter, Direktoren, Aufsichtsräte, Senatsausschüsse und leitende Angestellte tragen es seitdem wie Männer.

IV
Flucht nach Islip

Jetzt kommen wir zu einer Ironie des amerikanischen Lebens im zwanzigsten Jahrhundert. Schließlich ist dies *das amerikanische Jahrhundert,* so, wie man das siebzehnte Jahrhundert als das britische ansehen könnte. Dies ist das Jahrhundert, in dem Amerika, der junge Riese, zur mächtigsten Nation auf Erden wurde und die Mittel ersann, wie der Planet mit einem einzigen Gerät zu tilgen sei, aber auch die Mittel, zu den Sternen zu fliehen und das übrige Universum zu erkunden. Dies ist das Jahrhundert, in dem Amerika zur reichsten Nation der gesamten Geschichte wurde, mit einem Wohlstand, der in jede Bevölkerungsschicht hinunterreichte. Energie und animalischer Appetit und müßige Zerstreuungen selbst der Arbeiterklasse – die Bezeichnung als solche klang antik – wurden enorm, grell, sahnig, abartig. Das amerikanische Familienauto war ein 7,7 Meter langer Buick Electra von 425 Pferdestärken mit Heckflossen hinten und zwei schwarzen Gummibrüsten auf der Stoßstange vorn. Der Urlaub des amerikanischen Schnapsladenlieferwagenfahrers oder Hafenarbeiters bestand aus zwei Wochen Barbados mit der dritten Frau oder der neuen Mausi. Die Tagung einer amerikanischen Berufsverbändedachorganisation war eine gin-blinde Zusammenrottung in einem städtischen Stadion von der Größe Roms mit Kleinbussen auf dem Parkplatz, in denen auf Flokatis ausgelegte Huren der ausschließlichen Verwendung durch eingetragene Mitglieder der Berufsgenossenschaft dienten. Die Amerikaner lebten so, daß die übrige Menschheit nur glotzen konnte, teils neidvoll, teils angewidert, aber immer ehrfürchtig und scheu. Kurz: dies war Amerikas Periode vollblütigen engtanzenden, leck-mich-am-Arsch-wahoo-yahoo-holdrio, jugendlich-beschwingten Herumtollens ... Und was für eine Architektur hat es dafür vorzuweisen? Eine Architektur, deren Grundsätze jede Äußerung von Überschwang, Macht, Herrschaft, Grandeur oder auch nur von guter Laune und Verspieltheit als den Gipfel des schlechten Geschmacks verbieten.

Wir holen tief Luft, um (mit Walt Whitman) ein barbarisches Gegröle über die Dächer der Welt hinweg anzustimmen – und hören ein Hüsteln im Konzertsaal.

Kurz: der herrschende Architektur-Stil in diesem, *dem* Babylon des Kapitalismus wurde der Soziale Wohnungsbau. Sozialer Wohnungsbau, wie er von einer Handvoll Architekten in den Verbünden inmitten der Trümmer Europas in den frühen zwanziger Jahren entwickelt worden war, wurde nun hoch und breit aufgetürmt, in Form von Kunstgalerie-Anbauten für altehrwürdige Ivy-League-Universitäten, Museen für Kunstmäzene, Eigentumswohnungen für die Reichen, Firmensitzen, Rathäusern, Landhäusern. Arbeiterwohnungsbau für jeden Zweck, außer für Arbeiter zum Wohnen. Nicht, daß Arbeiterwohnungen nie für Arbeiter gebaut worden wären. In den fünfziger Jahren half die Regierung bei der Finanzierung der amerikanischen Version von niederländischen und deutschen Siedlungen der zwanziger Jahre. Hier wurden sie *public housing projects* genannt. Aber irgendwie gelang es den Arbeitern, intellektuell unentwickelt, wie sie waren, dem *public housing* zu entgehen. Sie nannten es einfach »the projects« und mieden es, als hätte es einen üblen Geruch. Die Arbeiter – wenn wir mit »Arbeiter« Leute meinen, die einen Job haben – wandten sich statt dessen den Vororten zu. Sie landeten an Orten wie Islip (Long Island) und im San Fernando Valley von Los Angeles, und sie kauften sich Häuser mit Giebeldächern und Ziegeln und Seitenverkleidungen aus Schindeln, mit keiner irgendwie ausgedrückten Struktur, wenn es sich irgend vermeiden ließ, mit gaslaternenartigen Veranda-Lampen und Briefkästen, die auf steifgeschweißten Ketten ruhten und der Schwerkraft zu trotzen schienen – je hübscher und auf alt gemacht, desto besser –, und sie stopften diese Häuser mit »Drapierware« voll, die jeder Beschreibung spottete, und mit Auslegware von Wand zu Wand, in der man einen Schuh verlieren konnte, und den Rasen versahen sie hintenraus mit Grillgruben und Fischteichen, in die Beton-Cherubim urinierten, und die Buick Electras parkten sie nach vorne raus, und Evinrude-Motorboote waren auf Anhängern festgezurrt, die in der Einfahrt standen.

Was nun die ehrlichen skulptürlichen Objekte betraf, die für das Interieur von Arbeitersiedlungen entworfen worden waren, wie Mies' und Breuers Stühle, so wurden diese von den Prolos entweder ignoriert oder verachtet, weil sie garantiert unbequem waren. Dieses Möbel ist heute ein Symbol für Wohlstand und Sonderstatus, hauptsächlich dem Geschmack von Magnaten-Gattinnen angepaßt, die jeden Tag im D & D Building grasen, dem wichtigsten Innenausstatter in New York. Mies' berühmtestes Stück Möbel-Design, der Barcelona-Stuhl, kostet heute im Einzelhandel $ 3465,– und ist nur über Innenarchitekten zu beziehen. Der hohe Preis errechnet sich nicht zuletzt aus den ehrlichen, non-bourgeoisen Arbeitersiedlungsmaterialien des Stuhls: rostfreier Stahl und Leder. Heute kann man das Leder nur in Schwarz oder in Braun-Schattierungen bestellen. In den frühen 70er Jahren haben, so scheint es, gewisse bourgeoise Elemente die Stühle in den entsetzlichsten Variationen herstellen lassen ... Zebrafell, Kuhhaut, Ozelot und *hübsche Gewebe.** Die einzigen Leute, die heute in Amerika in Arbeitersiedlungen in der Falle sitzen, sind Leute, die gar nicht arbeiten und von der Wohlfahrt leben – das sind die einzigen Bewohner der »projects« – und natürlich die städtischen Reichen, die zum Beispiel im Olympic Tower an der 5th Avenue in New York wohnen. Seit den 50er Jahren wurde der Begriff »Luxus-Hochhaus« zur Bezeichnung für eine bestimmte Art von Mietskaserne, die praktisch nichts anderes ist als die Siedlungen von Frankfurt und Berlin, zu dreißig, vierzig, fünfzig Stockwerken übereinandergestapelt, um an die Bourgeoisie vermietet oder verkauft zu werden. Das heißt: ausschließlich non-bourgeoise Wohnungen ausschließlich für die Bourgeoisie. Manchmal sind die Türme aus Stahl, Beton und Glas, manchmal aus Glas, Stahl und kleinen glasierten weißen oder beigen Ziegelsteinen. Die Zimmerdecken sind immer niedrig, oft weniger als 2,80 Meter hoch; der Korridor ist eng, die Zimmer sind eng, sogar wenn sie lang sind; die Schlafzimmer sind klein (Le Corbusier war immer sehr für kleine Schlafzimmer); die Wände sind dünn; Türen und Fenster haben keine Rahmen; die Scharniere verdienen ihren Namen nicht; die Wände haben keine Fußleisten, und die Fenster lassen sich nicht öffnen, obwohl kleine Luftklappen oder Jalousien geliefert werden können. Die Bauweise ist unweigerlich billig, und zwar im pejorativen wie im wörtlichen Sinne. Daß Baumeister in den 50er Jahren diese Schachteln als Luxus anbieten konnten, ohne mit dem Nasenflügel zu beben, und daß gebildete Männer und Frauen sie als Luxus akzeptierten, ohne mit der Wimper zu

* Robert Venturi, der Architekt, bestellte sich ebenfalls um des »ironischen Zitats« willen einen Stuhl mit hübschem Gewebe.

zucken –: dies ist objektives Zeugnis, von denen abgelegt, die zu dumpf sind für Ironie, für die ästhetische Macht der Verbund-Ästhetik, für die Macht, die der Silberprinz und seine Kolonial-Legionen nach dem Zweiten Weltkrieg in Amerika ausübten.

Jedes angesehene Vehikel für Architektenmeinung und kultivierten Geschmack, von *Domus* bis *House & Garden,* sagte den Städtebewohnern Amerikas, daß dies *leben* war. Dies war der gute Geschmack von heute; dies war modern, und bald wurde der International Style ganz einfach als moderne Architektur bekannt. Jeden Sonntag druckte das *New York Times Magazine* in seiner Design-Rubrik ein Bild der gleichen Sorte von Wohnung ab. Für mich war es bald *die Wohnung.* Die Wände waren immer rein weiß, ohne Schmuck, Verschalung, Leiste und all das. Im Wohnzimmer waren »R40«-Punktstrahler im Gesamtwert von 17 000 Watt versammelt; sie waren in weiße Kanister gesperrt, die an Lichtschienen von der Decke hingen. Es gab immer eine Sitzgruppe mit Stühlen aus gebogenem Rohr, welche Le Corbusier abgesegnet hatte und auf denen nie jemand saß, weil sie einen im Kreuz erwischten wie ein Karatehieb. Der Eßzimmertisch war eine glatte Platte aus hellen Holz (ohne Karnies, ohne Perlstockverzierung), und darumherum stand ein Satz S-förmiger Stahlrohrstühle mit einer Sitzfläche aus Spanischrohr; Mies van der Rohe hatte sie entworfen; sie sind die zweitberühmtesten Stühle des zwanzigsten Jahrhunderts; sein Barcelona-Stuhl ist der berühmteste; aber sie gehören auch zu den fünf am verheerendsten entworfenen, so daß, bis der Hauptgang aufgetragen wurde, mindestens ein Gast kopfüber in die Hummer-Bisque abgekippt war. Irgendwo in der Nähe stand eine Palme oder eine Dracena fragrans oder sonst eine große tropische Pflanze, denn die ganze Möblierung war so mager und hager und so rein und fein, daß der Ort ohne ein Stück wedeltragendes Victorianum aus der Baumschule absolut leer ausgesehen hätte. Dem Fotografen gelang es immer, die Pflanze in den Vordergrund zu rücken, so daß man die starre Szene durch eine Arabeske äquatorialer Grünheit erblickte. (Und *die Wohnung* gibt es immer noch, jeden Sonntag.)

Also was tun, wenn man in einem Gebäude wohnte, das aussah wie eine Fabrik und sich anfühlte wie eine Fabrik, und man zahlte auch noch Spitzensummen dafür? Jedes moderne Gebäude von einiger Qualität sah aus wie eine Fabrik. Das war der *look of today*. Man brauchte nur an Mies' Campus für das Illinois Institute of Technology zu denken, dessen größter Teil in den 40er Jahren hochgezogen worden war. Das Audimax sah aus wie eine Schuhfabrik. Die Kapelle sah aus wie ein Kraftwerk. Das Kraftwerk selbst, ebenfalls von Mies entworfen, sah schon weit spiritueller aus (wie Charles Jencks geltend machen würde), wies doch sein Schornstein immerhin himmelwärts. Das Gebäude der Schule für Architektur hatte schwarze Hängewerke aus Stahl, die sich zu beiden Seiten des Haupteingangs durch das Dach bohrten, ganz in der Manier einer Auto-Waschstraße in Los Angeles. Alle vier erwähnten Gebäude waren Schachteln aus Glas und Stahl. Es gab kein Entkommen; das war die Wahrheit. Der Verbund-Stil hatte die Entscheidungsfreiheit des Rechtgläubigen so sehr eingeschränkt, daß jedes Gebäude, das Strandhaus nicht weniger als der Wolkenkratzer, das gleiche allgemeine Aussehen haben mußte.

Und wenn schon. Die Ausdrücke *Glaskasten* und *ständige Wiederholung*, einst als Schimpf verwendet, wurden zu Ehrennamen. Mies hatte viele amerikanische Imitatoren; Philip Johnson, I. M. Pei und Gordon Bunshaft waren die berühmtesten und dreistesten. Und die schamlosesten. Heckenschützen pflegten zu sagen, daß jedes einzelne Gebäude, das Philip Johnson gebaut habe, eine Mies-van-der-Rohe-Imitation sei. Und Johnson öffnete dann die Augen sperrangelweit und setzte sein berühmtes Lächeln falscher Unschuld auf und erwiderte: »Ich war schon immer entzückt, wenn man mich Mies van der Johnson nannte.« Bunshaft hatte das Lever House entworfen, Stammsitz der Firma Lever Brothers, Seife und Waschmittel, in der Park Avenue. Das Gebäude war ein solcher Erfolg, daß es der Prototyp für den amerikanischen Glaskasten wurde, und Bunshaft und seine Firma, Skidmore, Owings & Merrill, lieferte viele Variationen zu diesem Entwurf. Den Anwurf, Glaskästen seien alles, was er je entwerfe, konterte Bunshaft gern folgendermaßen: »Ja, und ich werde weiter welche machen, bis ich einen gemacht habe, der mir gefällt.«

Für einen Oberpriester des Verbunds war Zuversicht eine der leichtesten Übungen! Was machte es schon, wenn die Leute sagten, man imitiere Mies oder Gropius oder Corbu oder sonst einen von der Sorte? Das war, als klagte man einen Christen an, weil er Jesus Christus imitiert.

Mies' Stern war seit seiner Ankunft in den Vereinigten Staaten 1938 stetig gestiegen, und das lag zu keinem geringen Teil am Einfluß Philip Johnsons. Johnson hatte Mies als einen der vier großen Modernisten in seiner Arbeit über den »International Style« von 1938 ausgewählt. Dann half er ihm bei seiner Emigration nach Amerika und verschaffte ihm den außergewöhnlichen Job am Armour Institute. 1947, nachdem die meisten von Mies' Hochschulgebäuden in Betrieb genommen waren, brachte Johnson das erste Buch über sein Werk heraus. Mies ging auf die Sechzig zu, aber dank Johnson hatte er in Amerika eine prächtige Karriere. Doch ob mit Johnson oder ohne ihn: Mies wußte in einer Ära der Kunst-Verbünde recht gut, wo es langging.

Schon 1919 war er in der *Novembergruppe* Leiter der Abteilung für Architektur gewesen; er hatte die Zeitschrift der Gruppe, *G* (wie *Gestaltung*), gegründet; er war ein kundiger Propagandist geworden und hatte ein Flair für Aphorismen. Sein berühmtester war: »Weniger ist mehr.« Und er fügte hinzu: »Meine Architektur ist fast nichts.« Ihm schwebte vor, die üblichen Arbeitersiedlungs-Elemente auf gleichzeitig nüchterne und elegante Weise zu kombinieren; man nennt das heute »Minimalismus«. Mies war alles andere als nüchtern. Er war ein großes, fleischiges, dabei gutaussehendes Individuum, das teure Zigarren rauchte. La Corona. Er sah eher wie ein Ruhr-Boss aus. Außerdem war er eine freundliche Seele, und das in einem solchen Maße, daß sogar Frank Lloyd Wright ihn mochte. Er war der eine weiße Gott, mit dem Wright sich abfinden mochte.

Das größte einzelne Monument für die niederländischen und deutschen Verbünde wurde 1958 auf der Park Avenue hochgezogen, gegenüber vom Lever House. Es war das Seagram Building; Mies van der Rohe hatte es selbst entworfen, und Philip Johnson war sein Assistent gewesen. Das Seagram Building war Sozialer Wohnungsbau, überaus nonbourgeois, siebenunddreißig Stockwerke hoch, in der Park Avenue, für eine Firma, die aus Roggen einen Whiskey namens Four Roses brennt.

Man hielt sich an die Farbe der amerikanischen Whiskeyflasche und wählte für diese größte aller Schachteln aus Glas und Stahl ein Glas, das wie bräunlicher Bernstein eingefärbt war. Und der entblößte Stahl? Ganz einfach, da es bräunlichen Stahl noch nicht gab (außer wenn er verrostet war), entschied man sich für Bronze. Aber fügte man damit nicht eine *Farbe* hinzu, wie es der arme Bruno Taut getan hatte? Nein, Bronze war Bronze; genauso kam sie aus der Gießerei. Und das Glas? Alles Glas nahm irgendwann früher oder später irgendeinen Farbton an; meistens wurde es grünlich. Wenn man es braun einfärbte, so war das lediglich eine maschinelle Farbton-Kontrolle. Alles klar? (Außerdem war das hier *Mies.)*

Die Entblößung des Metalls war ein Problem gewesen. Mies' Vision von der allerhöchsten non-bourgeoisen Reinheit war ein Gebäude, das aus nichts anderem zusammengesetzt war als aus Stahlbalken und Glas, wobei Betonplatten als Decken und Fußböden dienen sollten. Nun aber, in den Vereinigten Staaten, bekam er es mit den amerikanischen Brandverhütungs- und Bauvorschriften zu tun. Stahl war für hohe Gebäude ganz prachtvoll, weil er sowohl starken seitlichen Belastungen standhalten als auch große Gewichte tragen konnte. Der Nachteil war nur, daß Stahl sich durch die Hitze eines Großfeuers verbiegt. Die amerikanischen Vorschriften forderten, daß tragende Stahlteile in Beton oder ein anderes feuerfestes Material einzubetten sind.

Das stellte für Mies aber kein ernsthaftes Hindernis dar. Dafür hatte er schon in Chicago bei seinen Apartment-Häusern am Michigan-See eine Lösung gefunden. Man bettete nämlich die Stahlteile einfach wie verlangt in Beton ein und enthüllte sie dann, *drückte sie aus,* indem man vertikale T-Träger an der Außenseite der Betonverschalung hervorlugen ließ, als wollte man sagen: »Seht mal! Dies Zeug hier draußen ist genau das gleiche wie innendrin.« Aber wenn man Sachen außen an Gebäude klebte ... War das nicht genau das, was man, in einer anderen Ära, als Ornament empfunden hatte? Konnte man sowas noch irgendwie als *funktional* bezeichnen? Kein Problem. Das Wort *funktional* hatte nämlich nichts mit Funktion zu tun, sondern, wie jedermann wußte, mit der spirituellen Qualität, die man als die *non-bourgeoise* kannte. Und was konnte non-bourgeoiser sein als ein unverblümter T-Trä-

Das Lever House von
Gordon Bunshaft,
die Mutter aller Glas-Schachteln.
Sie war so fruchtbar
wie ein Hering im Mai.

Oben: Das Seagram Building an der Ecke. Vorgefertigte T-Träger aus Bronze, von außen drangeklebt, um die echten, die hinter dem Beton dieses Trockendocks verborgen sind, »auszudrücken«.

Unten: Das Seagram Building. Mies türmt Arbeiterwohnungen siebenunddreißig Stockwerke hoch auf und verwendet sie als Firmensitz für die Bosse. Man beachte die Vorhänge und Markisen: Erlaubt sind nur drei Stellungen, oben, unten und halbwegs.

ger, direkt und roh aus den unverbildeten Tatzen eines Bauarbeiters?
Ein Problem blieb: die Vorhänge. Mies wäre es lieber gewesen, wenn die Riesenfenster gar keine Vorhänge gehabt hätten. Denn wenn man nicht jeden im Gebäude dazu zwingen konnte, sich Vorhänge in derselben Farbe (Weiß oder Beige, was sonst) anzuschaffen und sie gleichzeitig und gleichmäßig weit herunterzuziehen, ruinierten sie immer wieder die Einheit des äußeren Ideals. Mies kam der Verwirklichung dieses Ideals so nahe, wie das einem menschlichen Wesen überhaupt möglich ist. Kein Mieter konnte sich eigene Vorhänge anschaffen. Er durfte nur Vorhänge benutzen, die bereits ins Gebäude eingebaut waren, und es gab nur drei Zurr-Stufen: offen, zu und halboffen. In jeder anderen Phase rutschten sie voll herunter.
Bitte keine intellektuell unentwickelten Impulse. Das hatte sich inzwischen bei den Verbund-Architekten eingeschliffen. Die Impulse von Kunden und Mietern wurden polizeimäßig überwacht. Auch wenn das Gebäude längst hochgezogen, der Vertrag längst erfüllt war, kehrten sie immer wieder zurück. Die Imitatoren Le Corbusiers – und deren gab es viele – pflegten teure Landhäuser nach dem Muster der *Villa Savoie* von *Corbu!* in Waldlichtungen hineinzubauen, und das mit der strikten Auflage, das Obergeschoß – ohnehin nur für die Vögel einzusehen – dürfe keine wie auch immer gearteten Vorhänge haben. Wenn die Hausbesitzer es leid waren, jeden Morgen um 5 Uhr von der Sommersonne geweckt zu werden, besorgten sie sich weiße Vorhänge. Aber dann erschien unweigerlich der Seelen-Ingenieur und riß ihnen die anstößigen Lumpen herunter ..., und bei der Gelegenheit, wo er doch schon mal da war, warf er ihnen auch noch diese schweinemäßig gemütlichen klei-

nen Thai-seidenen Muschel-Kuschelkissen aus dem Wohnzimmer.

Unterdessen schoben in den Bürotürmen der Multis die Angestellten Aktenschränke, Schreibtische und Topfpflanzen vor die vom Fußboden bis zur Decke reichenden Fensterscheiben, schoben alles, was sie hatten, vor diese fadenscheinigen Wände, um die Panik zu unterdrücken, die man empfindet, wenn man den Eindruck hat, man werde gleich kopfüber in Straßenschluchten stürzen. Darüber brachten sie Wäscheleinen mit Behelfsgardinen an, und es wirkte ein wenig wie die Slums von Neapel ... Und das alles nur, um das jedes Hirn versengende, blutunterlaufene Auge der Sonne auszusperren, das unweigerlich jeden Nachmittag hereinschaute ... Und nachts erschien die Wach- und Schließgesellschaft, die *Mies*ling-Polizei, und sie hatte ihre strikten Befehle, und sie brach ein und riß die rührenden Barrikaden nieder, die man tagsüber gegen die reine Vision der weißen Götter und des Silberprinzen errichtet hatte. Letztendlich gaben alle auf, und sie lernten, wie es vor ihnen die Haute-Bourgeoisie gelernt hatte, die Sache zu tragen wie ein Mann.

Sie lernten sogar, die beiden großen Kurzschlüsse der *Mies*linge zu akzeptieren. Jenen Philistern, die immer noch so taktlos waren und sagten, der neuen Architektur mangele es an der Detailfülle der alten Beaux-Arts-Architektur, was Stuck-, Metall-, Maurerarbeiten und so weiter betrifft, pflegten die *Mies*linge mit beträchtlicher Herablassung zu sagen: »Schön. Zeigen Sie mir die Handwerker, die diese Sachen machen können, und dann reden wir weiter. Es gibt sie nicht mehr.« Wohl wahr. Aber warum nicht? Henry Hope Reed erzählt, wie er in den 40er Jahren mit dem Auto die West 53rd Street in New York entlanggefahren ist. Außer ihm saßen ein paar Angestellte von Caldwell & Co. im Wagen, einer Firma, die sich auf Bronzearbeiten und Elektroinstallationen spezialisiert hatte. Als sie am Museum of Modern Art vorbeifuhren, reckten die Männer drohend die Fäuste und riefen: »Das verdammte Haus macht uns kaputt! Diese Schweine bringen uns um!« In den besonnten Tagen der Beaux-Arts-Architektur hatte Caldwell tausend Bronzeschmiede, Marmor-Bildhauer, Modellgießer und Designer beschäftigt. Jetzt glitt die Gesellschaft in die Insolvenz, wie viele andere auch. Es war nicht so, daß das Handwerk starb. Eher würgte der International Style den Bedarf danach ab, besonders bei Geschäftsbauten. Desgleichen wurde jenen, die sich darüber beklagten, daß im International Style gehaltene Gebäude beengt waren, innen wie außen fadenscheinige Wände hatten und überhaupt billig aussahen, die wissende Antwort zuteil. »Heutzutage ist es zu teuer, in irgendeinem anderen Stil zu bauen.« Aber es war nicht *zu* teuer, es war lediglich *teurer*. Der Dollpunkt lag darin, wieviel die Leute sich ästhetisch bieten lassen wollten. Es war möglich, noch billiger als im International Style zu bauen. Zum Beispiel begann England, mit Schulen und öffentlichen Gebäuden zu experimentieren, die gebaut waren wie Flugzeug-Hangars, aus Wellblech, von Drahtseilen gehalten. Deren Architekten sagten ebenfalls: »Heutzutage ist es zu teuer, in irgendeinem anderen Stil zu bauen.« Vielleicht würde eines nicht fernen Tages jeder *(tout le monde)* lernen, es wie ein Mann zu tragen. Das Auswahlkomitee stand zu allen Zeiten bereit, um dabei behilflich zu sein. Die Tage des Monarchen, wie Ludwig II. von Bayern, oder des Business-Autokraten wie Herbert F. Johnson von Johnson Wax, die persönlich Architekten für große öffentliche Bauvorhaben aussuchten, waren vorüber. Regierungen und Firmen wandten sich nun an das Auswahlkomitee. Und im Auswahlkomitee saß typischerweise mindestens ein Architekt von großem Prestige, der, da er das große Prestige besaß, natürlich aus den Verbünden hervorgegangen war. Und wenn die verwirrenden und abstoßenden Pläne hereingereicht wurden, von anderen Verbund-Architekten, wandten sich die verschiedenen Direktoren und leitenden Angestellten des Komitees völlig baff an den Architekten, und der versicherte ihnen dann: »Heutzutage ist es zu teuer, in irgendeinem anderen Stil zu bauen.« Und: »Schön. Bringen Sie mir die Handwerker, und dann reden wir weiter.« So war der Kreis ein- für allemal kurzgeschlossen. Und die Mächtigsten der Mächtigen lernten, es zu tragen wie ein Mann.

Nicht einmal die untersten Underdogs, die Wohlfahrtsempfänger, haben es so gelassen getragen. Die Lumpenprolos haben den Kampf gegen die Legionen des Silberprinzen aufgenommen und die eine oder andere Schlacht gewonnen. In St. Louis wurde 1955 eine riesige Siedlung namens Pruitt-Igoe eingeweiht. Der Entwurf von Minoru Yamasaki, dem Architekten des World Trade Center, wurde vom American Institute of Architects preisgekrönt. Yamasaki arbeitete in klassischem Corbu, indem er die Vision des Meisters erfüllte: endlos aufeinandergeschichtete Waben aus Stahl, Glas und Beton, durch leere Grünflächen voneinander getrennt. Die Arbeiter von St. Louis schwebten natürlich nicht in der geringsten Gefahr, Pruitt-Igoe in die Falle zu gehen. Sie hatten sich längst in Vorstädte wie Spanish Lake und Crestwood abgesetzt. Pruitt-Igoe füllte sich hauptsächlich mit Leuten, die gerade aus dem ländlichen Süden zugewandert waren. Sie zogen aus Gegenden Amerikas, in denen die Bevölkerungsdichte zehn bis vierzehn Menschen pro Quadratkilometer beträgt, wo man selten höher als drei Meter kommt, wenn man nicht auf einen Baum klettert, in die dreizehnstöckigen Häuserblocks von Pruitt-Igoe.

Auf jedem Stockwerk gab es überdachte Gänge, die Corbus Idee von den »Straßen in der Luft« aufgriffen. Da es in dem Projekt keinen anderen Ort gab, an dem man in der Öffentlichkeit *sündigen* konnte, geschah das, was normalerweise in Bars, Bordellen, Vereinen, Billardsälen, Flipperhallen, Gemischtwarenläden, Maismieten, Steckrübenbeeten, Heuschobern und auf Scheunenböden stattfand, nun auf den Straßen in der Luft. Verglichen mit Corbus Boulevards, wirkte »Gin Lane« von Hogarth wie die ozeanumkoste Traumstraße von Southampton (New York). Respektable Menschen zogen aus, selbst wenn das bedeutete, daß sie in einer Bordsteinritze wohnen mußten. Millionen von Dollars und Aberdutzende von Kommissions-Meetings und Sonderprojekten wurden in der verzweifelten Anstrengung verschlissen, Pruitt-Igoe doch noch bewohnbar zu machen. 1971 rief die allerletzte Sonderkommission alle, die noch dort wohnten, zu einem großen Treffen zusammen. Man fragte sie, ob sie Vorschläge hätten. Es war aus zwei Gründen ein historischer Augenblick. Erstens wurde in der fünfzigjährigen Geschichte der Arbeitersiedlung der Kunde endlich mal nach seiner Meinung gefragt. Zweitens der Sprechchor. Der Sprechchor setzte sofort ein: »Sprengt es in die ... *Luft!* Blow it ... *up!* Blow it ... *up!* Blow it ... *up!* Blow it ... *up!* Blow it ... *up!*« Am nächsten Tag dachte die Sonderkommission darüber nach. Die armen Schweine hatten recht. Es war die einzige Lösung. Im Juli 1972 sprengte die Stadt die drei zentralen Wohnblocks der Pruitt-Igoe-Siedlung mit Dynamit in die Luft.

Dieser Teil der Saga vom Sozialen Wohnungsbau ist noch nicht abgeschlossen. Er hat gerade erst begonnen. Fast zur gleichen Zeit, da Pruitt-Igoe zu Boden ging, erhob sich das Projekt Oriental Gardens in New Haven, der Modellstadt für städtebauliche Sanierung in Amerika schlechthin. Der Ar-

Die Pruitt-Igoe-Siedlung, St. Louis, 15. Juli 1972.
Endlich hat die Menschheit eine praktikable Lösung
für das Problem der Arbeitersiedlung gefunden.

chitekt war ein Verbund-Architekt von großem Prestige; es war Paul Rudolph, der Dekan der Architektur-Fakultät in Yale. Das Bundes-Wohnungs- und Städtebau-Ministerium (Housing and Urban Development; HUD), welches das Projekt bezahlte, begrüßte Rudolphs wagemutigen Entwurf als die Vision der Arbeitersiedlungen der Zukunft. Die Oriental Gardens wurden aus Bündeln präfabrizierter Moduln hergestellt. Man bekam also nie mehr Bedürftige, als man bestellt hatte. Man brauchte nur Moduln hinzuzufügen und konnte die armen Hunde zusammenbündeln, bis sie Bridgeport erreicht hatten. Das Problem war nur, daß die Moduln nicht übermäßig gut zusammenpaßten. Durch die Ritzen drangen Kälte und Regen ein. Aus den Türen – aus denen, die man noch öffnen konnte – strömte fluchtartig, was an respektablen Leuten eingezogen sein mochte. Gegen September 1980 waren nur noch siebzehn Mieter übriggeblieben. Im Frühjahr 1981 machte sich HUD an den Abriß. Andere amerikanische Monumente des mitteleuropäischen Sozialen Wohnungsbaus der 20er Jahre begannen aus eigener Kraft zusammenzubrechen. Das waren große Sportstadien und Kongreßzentren, wie das Hartford Civic Center Coliseum, welches Flachdächer hatte. Der Schnee war zuviel für sie , aber sie stürzten pietätvoll ein und neigten sich noch im Fallen vor dem Diktum, Giebeldächer seien bourgeois.

V
Die Abtrünnigen

Edward Durell Stone, einer der frühesten Architekten des International Style in Amerika, bestieg eines Abends im Jahre 1953 ein Flugzeug von New York nach Paris und fand sich, wie er selbst erzählte, auf dem Platz neben einer Frau namens Maria Elena Torchio wieder. Ihr Vater war ein italienischer Architekt; ihre Mutter war aus Barcelona; Maria war, wie Stone gern sagte, »explosiv lateinisch«. Über dem Atlantik verliebte er sich in sie, und über der Straße von Dover machte er ihr einen Heiratsantrag. Ganz so schnell verfiel sie ihm nicht. Es fing schon mal damit an, daß sie fand, er kleide sich wie ein College-Professor. Seine Gebäude fand sie auch nicht unbedingt überwältigend. Sehr sparsam, diese Gebäude, sehr maßvoll, ein bißchen kalt, ein bißchen leblos, wenn man *sie* fragte ... nicht sehr explosiv lateinisch ...
1954 heiratete Stone Maria Elena Torchio und veränderte seinen Stil komplett und schuf den luxuriösen und ornamentalen Entwurf der amerikanischen Botschaft in Delhi mit ihren Türgittern aus Beton- und Marmor-Terrazzo, mit ihren blattgoldverzierten Stahlsäulen, mit ihrem Wassergarten, von gekrümmten Inselchen, kleinen Inselchen und klitzekleinen Inselchen durchzogen. Er empfand die Botschaft als sein »Tadsch Maria«. Was mit Stone nach der Enthüllung des Tadsch – *Blattgold?* – geschah, verschafft uns ein Bild von der anderen Seite der Verbund-

Die beiden Stones. (Linke und rechte Seite)
1939: Edward Durell Stone, im Glauben gefestigt,
baut das Museum of Modern Art.

1964: Edward Durell Stone, der Abtrünnige,
baut für Huntington Hartford die
Gallery of Modern Art.
»Zuckerbäckerstil!« schrien die im
Glauben Gefestigten.

Leidenschaft. Es zeigt uns das Schicksal des Abtrünnigen.
Stone war der Mann, der das erste International-Style-Haus an der Ostküste gebaut hatte, das Mandel House in Mount Kisco (New York), 1933. (Ein österreichischer Emigré, Richard Neutra, hatte 1928 bereits eins in Los Angeles gebaut, das Lovell House.) 1934 baute Stone sein zweites International-Style-Haus in Mount Kisco, das Kowalski House, und die Gemeinde erhob sich und änderte die Bauvorschriften, um der befremdlichen Heimsuchung ein Ende zu machen. So weit, so gut; eine kleine Abreibung seitens der Philister konnte in den Verbünden nur nützen. Stone hatte so makellose Empfehlungen, daß das Museum of Modern Art ihn – zusammen mit Philip L. Goodwin – zum Architekten für sein neues Haus in der West 53rd Street, gleich an der Ecke Fifth Avenue, berief, genau dort, wo einst die Stadthäuser von John D. Rockefeller jr. und von John D. Persönlich gestanden hatten. Hier sollte das eigene exemplarische Gebäude des Museums stehen, um ganz New York den International Style zu zeigen. Stone war auserwählt worden, den Anschauungsunterricht zu bestreiten, das Flaggschiff von Utopia mbH zu bauen.
Als die Botschaft in Delhi enthüllt wurde, ließ *le monde* der Architektur, d. h. die Welt der europäischen Verbünde, deren Stützpunkte Universitäten waren, Stone fallen, als hätte er Gelder aus der Clubkasse veruntreut. *Gold* hier und *Luxus* da und *Marmor* und *gekrümmte Linien* überall – wie bour! Nein, es war so über-, *über*aus bourgeois; es war das *non pous ultra* an *bourgeois*. Nicht einmal Mies, Meister des bronzenen T-Trägers, hätte sich aus einer solchen Hervorbringung hinausdiskutieren können. Noch bitterer wurde es dadurch, daß Stone es nicht einmal versuchte. Er gab dem International Style den Abschiedskuß. Kritikern seines Ken-

nedy Center in Washington, einer ins Riesenhafte vergrößerten Version seines Tadsch Maria, gab er den schnippischen Bescheid, es repräsentiere »eher zweitausendfünfhundert Jahre westlicher Kultur als fünfundzwanzig Jahre moderner Architektur«. Der Mann war nicht mal ein Verräter. Er war ganz einfach ein Abtrünniger reinsten Wassers. Er hatte den Grundprinzipien abgeschworen.
Das Schicksal, das klassischerweise den Abtrünnigen ereilt, ist jener Fluch, den man Anáthema nennt. In der Welt der Architektur, bei denen, die einen Ruf aufbauen oder niederreißen können, wurde jedes Gebäude, das Stone fortan machte, mit Anathematismus zugeschüttet. Als das Museum of Modern Art beschloß, daß es in der West 53rd Street einen Anbau brauchte, stand es nicht eins, sondern null zu tausend für Stone, daß man ihn an sein eigenes Gebäude anbauen ließ. Der Auftrag ging an den modischsten aller amerikanischen Verbund-Architekten, Philip Johnson, der inzwischen in Harvard an der School of Architecture promoviert hatte, wiewohl er immer noch zu Füßen des Silberprinzen saß. Im Rahmen einer der netteren Fügungen der amerikanischen Kunstgeschichte beauftragte Huntington Hartford Stone statt dessen mit dem Entwurf seiner Gallery of Modern Art, neun Querstraßen weiter, am Columbus Circle. Hartford war in der Kunstszene ein Stier ohne Brandzeichen; er sammelte die Präraffaeliten und Salvador Dalí, um nur zwei Gegenstände seines unmodernen Geschmacks zu nennen. Er baute sein Museum, um Utopia mbH und alle ihre Werke gezielt herauszufordern. Ich kann mich lebhaft an das automatische Gekicher, das Augenrollen erinnern, das die Erwähnung des Gebäudes, das Stone für Hartford geschaffen hatte, damals hervorrief. Die Kritiken der Architekturkritiker waren schlimm genug. Aber nicht einmal Formulierungen wie »Kitsch for the rich« und »Zucker-

bäckerstil« vermitteln die vergiftete geistige Atmosphäre, in der sich Stone jetzt wiederfand. Es blieben ihm schließlich nur noch Aussprüche wie: »Jeder New Yorker Taxifahrer wird Ihnen sagen, daß dies sein Lieblingsgebäude ist.« Nach alledem! Nach einem ganzen erfüllten Leben –: von den Schweißhunden ins letzte populistische Schlupfloch gehetzt, um es mit einem Mickey Spillane oder einer Jacqueline Susann zu teilen – oh, Herr! *Anáthema!*

Stone, das sei bemerkt, ruinierte sich mit dieser Apostase nicht das Geschäft, sondern nur das Prestige. Das Tadsch Maria wirkte in kommerzieller Hinsicht wahre Wunder. Schließlich haßten selbst jene den International Style, die ihn in Auftrag gaben. Andere gab es, die sich einiges einfallen ließen, um ihm von vornherein aus dem Weg zu gehen. Sie waren schon froh, wenn sie einen Architekten mit modernistischen Empfehlungen fanden, der bereit war, ihnen, auch wenn sie sich versündigt hatten, etwas anderes zu geben. Das Ansehen jedoch, welches er in der Bruderschaft genoß, war so süß wie Gift. Er kam gar nicht ernsthaft in Betracht. Er hatte sich von der Truppe entfernt. Er spielte nicht mehr mit.

Eero Saarinen machte eine ähnliche Erfahrung, obwohl die Feindseligkeit nicht annähernd so feindselig war. Saarinen war von edlem modernistischen Architekten-Geblüt. Sein Vater, Eliel, war ein finnischer Architekt, den man oft mit den Wiener Secessionisten verglich. Saarinen war bis 1956 ein konventioneller International-Style-Architekt gewesen, als er das TWA-Terminal auf dem Idlewild (jetzt Kennedy) Airport erbaute. Das Gebäude bestand aus den herkömmlichen Materialien Glas, Stahl und Beton, aber es sah unverkennbar wie ein – wie ein Adler aus. Sein Gebäude für den Dulles Airport in Washington war eine noch auffälligere Skulptur zum Thema »Vogel, im Fluge«, mit zusätzlichen

Das Flügeldach von
Eero Saarinens Dulles International Airport (oben) und die
Adlerform seines TWA-Terminals (unten).
Die Modernisten kochten vor Wut.

Anklängen an die Bauweise von Pagoden – sein Ingalls-Eishockey-Stadion für Yale sah aus wie ein Wal oder eine Schildkröte. (Tiere, die einem nicht unbedingt auf Anhieb bei *Eishockey* einfallen, aber bitte.) Die krummen Linien gaben Saarinen den Rest. Der Mann war in irgendeine hindumäßige Form von *Zoomorphismus* abgeglitten. Saarinen hatte beschlossen, seinen eigenen Weg zu gehen, hatte offenherzig angekündigt, das einmalige Genie der Architektur des 20. Jahrhunderts werden zu wollen. Er sagte, er hätte gern »einen Platz in der Architekturgeschichte«. Er hatte sich das falsche Zeitalter ausgesucht. Es gab in der Architektur Genies, aber sie konnten nicht einmalig sein. Sie mußten zu einem Verbund gehören, Teil eines »Konsensus« sein, um Mies zu zitieren. Die Welt der Verbünde beobachtete einfach, wie er in den zoomorphen Sumpfnebeln verschwand. Er wurde selten so direkt angegriffen wie Stone. Er kam nicht mehr ernstlich in Betracht, und damit hatte es sich. Ich weiß noch, wie ich einen Beitrag für eine Zeitschrift namens *Architecture Canada* verfaßte, in welchem ich Saarinen mit Ausdrücken erwähnte, die ahnen ließen, daß ich Saarinen für einen Mann hielt, mit dem man sich getrost beschäftigen konnte. Ich lief auf einer Party einem der bekanntesten New Yorker Architekturschreiber über den Weg, und er nahm mich beiseite, um mir ein paar väterliche Ratschläge zu geben.

»Ich hab das gern gelesen«, sagte er, »und was Sie da meinen, unterschreibe ich auch *jeder*zeit, im Prin*zip*. Aber ich muß Ihnen leider sagen, daß Sie Ihrer Sache nur schaden, wenn Sie Saarinen als Beispiel verwenden. Sie werden dann nicht mehr ernstgenommen. Ich *bitte* Sie ... *Saarinen* ... «

Ich wünschte, ich könnte seinen Gesichtsausdruck beschreiben. Er bewegte sich zwischen Hohnlächeln und Achselzucken; die Franzosen beherrschen das; dieser Blick, der dir sagt, daß das Thema so *outré* ist, so *infra dignitatem,* so *de la boue,* daß man sich mit dessen Analyse gar nicht abgeben durfte, ohne fürchten zu müssen, daß der Schwachsinn abfärbt.

Und was lehrt uns das? Es lehrt uns, daß kein Architekt außerhalb der Verbünde zu einiger Reputation gelangen konnte, und die Verbünde konzentrierten sich auf die Universitäten. Der Architekt, der darauf bestand, seinen eigenen Weg zu gehen, wurde nicht etwa als Pionier einer wichtigen neuen Richtung begrüßt. Er konnte bestenfalls hoffen, als Exzentriker eingestuft zu werden, wie Saarinen oder jene Architekten aus Oklahoma, Bruce Goff und Herbert Greene. (Und Oklahoma war auch nicht unbedingt ein Platzvorteil.) Wenn alles zusammenkam, konnte er ein Abtrünniger werden, vom Anáthema zugeschüttet, wie Stone.

Stone und Saarinen waren – wie Frank Lloyd Wright und Goff und Greene – *zu amerikanisch,* und das bedeutete sowohl zu provinziell als auch zu bourgeois. Irgendwie versorgten sie tatsächlich das Schweinsgalopp-Barock des amerikanischen Überschwangs mit Nachschub. Als Stone das Kennedy Center in Washington mit einer Lobby entwarf, die sechs Stockwerke hoch und 210 Meter lang war – so groß, wie ein Journalist vermerkte, daß Mickey Mantles längster *home run* hier wie ein stinkgewöhnlicher *fly ball* gewirkt hätte –, wurde das als Obszönität angesehen. Stone biederte sich der amerikanischen Megalomanie nämlich geradezu an. Das barbarische Gegröle konnte ihm nur recht sein. Er glorifizierte die ureigensten grandiosen Gefühle des Kunden.

Es war natürlich schwierig, all dies in so vielen Worten zu sagen. Daher das Achselzucken und *dieser Blick,* was beides heute noch gepflegt wird. Wie sonst sollte man das barbarische Gegröle der bedeutenderen Hotel-Architekten wie Morris Lapidus und John Portman abtun? Wahrscheinlich haben keine zwei Architekten je schwerer daran gearbeitet, das Wesen des amerikanischen Wohlstandes und Glanzes nach dem Zweiten Weltkrieg einzufangen, als diese beiden Männer: Lapidus, der in Miami das Americana und das Eden Roc gebaut hat; Portman, der seine Hyatt-Hotels über das ganze Land verteilt hat. Ihre Arbeit war von solchen Ausmaßen, daß ihre Architekten-Kollegen sie unmöglich ignorieren konnten. Deshalb schenkten sie ihm *diesen Blick*. Portman nahm das Achselzucken und diesen Blick entgegen. Lapidus nahm diesen Blick und ein Hohnlachen entgegen.

Lapidus hatte seine Karriere im Theater begonnen und war an die Columbia-Universität gegangen, um Architektur zu studieren, wobei er sich vorstellte, später mal Bühnenbildner zu werden. Er endete als Architekt. Keinen einzigen Augenblick verschwendete er an Debatten über ehrliche Materialien und geoffenbarte Strukturen. Was ihm vorschwebte, blieb von Anfang bis Ende theatralisch wie Rimsky-Korsakow und war dabei so gründlich, so monolithisch wie Gropius. Wenn Lapidus ein Ferienhotel baute, entwarf er alles bis hinunter zur Fangschnur an der Jacke der Kellnerin. Obwohl es die Pächter mit der Einhaltung solcher Details nicht immer übermäßig genau nahmen. Seine Lobby für das Americana Hotel in Miami Beach war mit dem in einen riesigen Glaswürfel gestopften tropischen Wald die gedrängte Übersicht über die große Treppe der Pariser Opéra plus 14 Tage in Florida: Hier fand es statt, das üppige Leben, im besten Nachkriegs-Amerikanisch, und es hatte seinen großen, grellen Ausdruck gefunden.

1970 wurde Lapidus' Werk als Thema einer Ausstellung der

Architectural League of New York mit anschließender Podiumsdiskussion namens »Morris Lapidus: Architektur der Freude« präsentiert. Normalerweise war das eine Ehre. Bei Lapidus konnte man schwer sagen, was es war. Man bat mich mit aufs Podium – wahrscheinlich, würde ich heute rückblikkend sagen, in der Hoffnung, ich würde eine »Pop«-Perspektive beisteuern. (Dieses Wort, »Pop«, war bereits zu einem Fluch geworden, der auf meinem Leben lastete.) Der Abend gestaltete sich unbehaglich, ziemlich *camp* –; unbehaglich deshalb, weil Lapidus selbst im Publikum aufgetaucht war. Seine Arbeit wurde nicht so sehr als Architektur, sondern als ein Pop-Phänomen betrachtet, wie Dick Tracy oder die Filme von Busby Berkeley. Ich versuchte immer wieder, meine bescheidenen Ansichten loszuwerden: Das Hauptproblem bestand darin, Amerikas Macht, Wohlstand und Überschwang architektonisch zu porträtieren. Ich hätte genausogut über das numerische Rechnen in der Provinz Yucatán reden können. Der erste Camp-Rausch war vorbei, und die versammelten Architekten begannen, Lapidus' Werk die kritische Aufmerksamkeit zu schenken, die zu erwarten gewesen war. Gegen Ende stand Lapidus auf und sagte, die Sowjets hätten ihn einst gebeten, nach Rußland zu kommen und Mietshäuser zu entwerfen, und sie seien ziemlich entzückt über die Resultate gewesen. Dann setzte er sich wieder. Niemand wußte so recht, was er davon halten sollte, es sei denn, Lapidus hätte einen verzweifelten Versuch unternommen, etwas von gesellschaftlichem Belang ins Feld zu führen ... etwas, das ihn in einer Architektenwelt, die sich Hotels, Luxus-Hochhäusern, Schulen und Firmenhauptquartieren im Stil des Sozialen Wohnungsbaus verschrieben hatte, vielleicht etwas weniger radioaktiv machte. John Portman war inzwischen der Lapidus von heute geworden. Seine enormen Zikkurat-Hotels mit ihren zweiunddreißig Stockwerke hohen Atrien und hängenden Gärten und Kristall-Aufzügen haben mehr als jede andere Architektur das Aussehen der Innenstädte des Urban Glamour in den 70er und 80er Jahren geprägt. Aber innerhalb der Universitäts-Verbünde wird er gar nicht mal so heftig angegriffen ... Er *existiert* nicht. Er nimmt die verschwommenen Konturen des Folklore-Architekten an. Er wird zur überaus kommerziellen (und deshalb unerlösbaren) Version von Simon Rodia, der die Watts Towers gebaut hat. Und was war schon eine Zikkurat von einem Hyatt-Atrium anderes als eine Watt-Tower-Produktion mit dem Beistand von Hypothekenmaklern und automatischen Aufzügen?

Innerhalb der Universitätsverbünde gab es keine Möglichkeit für einen Architekten, durch eine Architektur, die ganz einmalig oder spezifisch amerikanisch war, Prestige zu sammeln. Das ist nicht einmal Wright gelungen ... nicht einmal Wright, der den größten Ausstoß in der amerikanischen Architekturgeschichte hatte, einen Ausstoß, der ans Wunderbare grenzte. Von 1928 bis 1935 entstanden nur zwei Wright-Gebäude. Aber 1935 baute er Fallingwater, ein Wohnhaus für Edgar J. Kaufmann sr., den Vater eines seiner Schüler. Diese Struktur aus Beton-Platten, im Felsen verankert und über einem Wasserfall im Hochland von Pennsylvania freischwebend, war der Beginn der letzten Phase von Wrights Karriere. Er war damals achtundsechzig Jahre alt. In den nächsten dreiundzwanzig Jahren, bis er 1959 mit einundneunzig starb, schuf er mehr als die Hälfte seines Werks, mehr als 180 Gebäude, einschließlich der Zentrale von Johnson Wax in Racine (Wisconsin), Wingspread, den Landsitz von Herbert F. Johnson, Taliesin West, die Universität von Süd-Florida, die Usonian-Privathäuser, das Hochhaus der Price Company und das Guggenheim-Museum. Innerhalb der Universitäts-Verbünde brachte das Wright

Die Lobby des Hyatt Regency O'Hare
beim O'Hare-Flughafen von Chicago.
Portmans amerikanische Üppigkeit war mehr, als die
Söhne des Silberprinzen verkraften konnten.

einen Ruf ein, der dem Ruf von Andrew Wyeth in der Welt der Malerei entsprach: gar nicht übel für so eine alte Schwarte.

Irgendwie sprach bereits die Produktivität von Männern wie Wright, Portman oder Stone in der neuen geistigen Atmosphäre, die an den Universitäten herrschte, gegen sie. Das war ja schließlich kein Kunststück, so wurde vermutet, hinaus auf den Markt zu gehen und mit Schmeichelei, Nepp und Tanz um Kunden zu werben und Bauaufträge zu kriegen. Die tapfere Seele jedoch war jemand, der im Verbund blieb, sich im Universitätsbereich aufhielt und die ersten zehn bis zwanzig Jahre seiner Karriere im intellektuellen Wettstreit aufs Spiel setzte, dabei hin und wieder das kleine Häuschen baute, wenn sich eine günstige Gelegenheit bot, ganz wie Corbu: ein Sommerhaus für einen Freund, einen Anbau an das Haus eines Kollegen und – wenn alle Stricke rissen – ein Häuschen für Muttis Lebensabend, welches sie bezahlte. Es genügte nicht mehr, außergewöhnliche Häuser zu bauen und sie der Welt zu zeigen. Die Welt konnte warten. Es war jetzt nötig, in dem Wettbewerb zu siegen, der ausschließlich innerhalb der Welt der akademischen Architektur ausgetragen wurde.

Prestige wurde jetzt in den meisten der schöneren Künste durch Kleriseien bestimmt, die dem europäischen Stil verschrieben waren. In den 60er Jahren hatte die Malerei ein wahrhaft fortgeschrittenes Stadium erreicht. Die Abstrakten Expressionisten hatten als herrschender Verbund etwa zehn Jahre lang ausgehalten, aber dann begannen neue Theorien, neue Verbünde, neue Kodes einander im wilden Wechsel zu folgen. Pop Art, Op Art, Minimalismus, Hard Edge, Colour Field, Earth Art, Conceptual Art –; das natürliche Vorurteil der Verbünde gegen alles Geheimnisvolle und Verwirrende überstieg alle bekannten Grenzen. Das bot ein wahnsinniges Schauspiel, aber junge Künstler neigten – völlig zu Recht – zu dem Glauben, daß es unmöglich war, einen nennenswerten Status zu erringen, wenn man das Spiel nicht mitmachte. Auf dem Gebiet der Ernsten Musik war es noch weiter fortgeschritten; es war schon beinahe tödlich. Innerhalb der Universitäts-Verbünde waren die Komponisten solche Ultra-Schönbergianer geworden, so exquisitest abstrakt, daß die Außenwelt nicht mehr das geringste Interesse – geschweige denn Verständnis – dafür hatte, was da überhaupt los war. In den Städten war nicht einmal jenes unermüdliche Gideons-Heer, welches man »die Konzertbesucher« nennt, in ein Programm zu locken, das von vorn bis hinten zeitgenössische Komponisten bot. Diese Konzerte fanden nur noch in Universitäts-Konzertsälen statt. Hier auf dem Campus beginnt das Programm mit Scott Joplins »Maple Leaf Rag«; danach kommt eine von Stockhausens frühen Kompositionen, »Punkte«, dann Babbitts Ensembles für Synthesizer, ein bißchen Easley Blackwood und Jean Barraqué, damit etwas Tempo in die Sache kommt; dann stürzt man sich in eine x-beliebige Note, bzw., wie es heißt, in ein »stochastisches« Stück für Klavier, Blech, Moog-Synthesizer und Computer von Iannis Xenakis. Das Programm wird mit »You Gotta Be Modernistic« von James P. Johnson beschlossen. Joplin und Johnson sind so anheimelnd und vertraut wie ein Wiegenlied, aber sie sind wesentlich für das Programm. Dieselben fünfunddreißig bis vierzig Seelen, alle Mitglieder des Lehrkörpers oder Graduierte, bestreiten bei jeder Veranstaltung mit zeitgenössischer Musik das Publikum. Die unaussprechliche Angst hat man davor, daß nicht einmal sie noch kommen werden, wenn man ihnen nicht für Anfang und Ende ein Bonbon verspricht. Nummern von Joplin und Johnson sind in Ordnung, weil sie beide schwarz waren und zu

Lebzeiten nicht als ernsthafte Komponisten anerkannt wurden.
Die Choreographen hatten die Idee des Verbundes nur sehr langsam begriffen, wahrscheinlich weil Tanz immer schon seinem Wesen nach etwas mit Repräsentation zu tun gehabt hatte. Aber in den 60er Jahren hatten sie das Versäumte nachgeholt. Georges Balanchine, der russische Choreograph, der 1934 über Paris in die USA emigriert war, veranstaltete gegen 1962 abstraktes, neoklassisches Ballett im Lincoln Center. Choreographen wie Merce Cunningham und Yvonne Rainer machten sich daran, alle Spuren von Sexualität aus dem Tanz zu entfernen, selbst wenn es sich ganz simpel um männliche und weibliche Rollen handelte, alle Spuren von Handlung, Szenerie und Kostüm, sogar alle Spuren von Musik als Quelle des Tanztempos. Tatsächlich schienen Menschen in allen Künsten davon besessen, Klerisein zu schaffen, die Bourgeoisie zu verstören, egal, wie schlecht die Chancen dafür standen. Zum Beispiel schien die Fotografie immer eine Ausdrucksform gewesen zu sein, der eine gewisse unerbittliche Deutlichkeit anhaftete. Aber Fotografen und ihre Theoretiker, wie John Szarkowski, Kurator für Fotografie bei Utopia mbH, fanden eine Möglichkeit, diesem Hindernis auszuweichen. Hatte Braque nicht auf das Faktum hingewiesen, daß Malerei nichts weiter ist als ein Arrangement von Formen und Farben auf einer flachen Oberfläche? Das heißt: Hatte er nicht eine Tugend aus etwas gemacht, was immer eine Not gewesen zu sein schien? Doch, genau das hatte er getan. Also machten Szarkowski und Co. eine Tugend aus dem, was immer als Nachteil der Fotografie empfunden worden war: verschwommene Konturen, groteske Verkürzungen, entstellte Farben, Abbildungen, vom Rand des Filmrahmens abgehackt, und so weiter. Sie erreichten ihr Ziel; es gelang ihnen,

die Fotografie für jene, die keine Lust hatten, in die Verbünde zu kommen und die Theorien und Kodes zu lernen, völlig verwirrend zu machen.
Klerisei! Der Verbund! Die Kodes! Die neuen Geheimnisse! Die europäische Mode erwies sich als unwiderstehlich. Sogar bei Romanautoren. Die starken Charakterzüge der amerikanischen Belletristik im zwanzigsten Jahrhundert waren vom realistischen Roman und der realistischen Novelle bestimmt. Der amerikanische realistische Roman der 30er Jahre hatte in Europa beachtliches Prestige gewonnen, und zwar präzise wegen seiner ungehobelten animalischen Kraft. Die amerikanischen Realisten schienen so frei und dionysisch zu sein wie die Jazzmusiker. Aber in den ausgehenden 60er Jahren neigten die meisten begabten jungen amerikanischen Schriftsteller in den Universitäten – und die wenigsten neuen Schriftsteller kamen nicht von dort – dazu, den realistischen Roman als hoffnungslos primitive und abgewirtschaftete Form zu betrachten. Sie begannen, allen realistischen Dialog, alles Lokalkolorit, gesellschaftliche Anliegen oder sonstige Scheiben vom richtigen Leben aus ihren Arbeiten zu tilgen. Sie waren bestrebt, moderne Fabeln in der Manier der zeitgenössischen europäischen Meister wie Kafka und Samjatin und der Dramatiker Pinter und Beckett zu schreiben.
Das zwanzigste Jahrhundert, das amerikanische Jahrhundert, war nun zu zwei Dritteln vorüber, und der Kolonialkomplex war stärker als je zuvor. Junge Philosophen an den Universitäten waren von der französischen *Vogue* der sogenannten analytischen Zugänge zur Philosophie wie dem Strukturalismus und dem Dekonstruktivismus völlig überwältigt. Es ging dabei darum, daß die alten »idealistischen« Belange der Philosophie des neunzehnten Jahrhunderts – Gott, Freiheit, Unsterblichkeit, das Schicksal des Men-

schen – hoffnungslos naiv und bourgeois waren. Von Belang für die Philosophie war vielmehr die Natur der Bedeutung. Das heißt: Die Philosophie hatte sich gefälligst mit den Geheimnissen der philosophischen Klerisei als solcher zu beschäftigen. In einer Ära, in der Kriege so allumfassend geworden waren, daß man sie Weltkriege nannte –, in der sich die Menschen in Metropolen von einem Ausmaß und einer Komplexität drängten, wie sie in menschlichen Visionen noch nicht vorgekommen waren –, in der Kollisionen zwischen den Rassen die Stabilität des Globus zu erschüttern begannen –, in der der Mensch die göttliche Macht, die Welt in ihre Zerstörung zu treiben, an sich gerissen hat –, in so einer Ära, was lag da amerikanischen Philosophen zuallererst am Herzen? Nun, es war das gleiche, was auch den von ihnen vergötterten französischen Philosophen am Herzen lag. Tagsüber konstruierten die Strukturalisten die Struktur der Bedeutung und begrübelten die Bedeutung der Struktur. Nachts rissen die Dekonstruktivisten das Gebäude aus hohler Rinde ein. Und am nächsten Morgen fingen die Strukturalisten wieder von vorne an …

Oh, treue Kolonial-Vasallen!

Es war selbst für den Hochgebildeten nicht nötig, sich sehr lange von zeitgenössischer Philosophie, Malerei oder Musik beunruhigen zu lassen. Bei der Musik war es völlig klar, daß er sich gar nicht beunruhigen zu lassen brauchte. Aber mit der Architektur war das ganz anders. Man konnte einfach den Moden der Architektur-Verbünde nicht aus dem Weg gehen, egal, wie esoterisch man wurde. In der Architektur wurde intellektuelle Mode fünfzig bis hundert Stockwerke hoch in den Städten und in endlosen de-Chirico-Ausblicken in den Einkaufszentren der neuen amerikanischen Vorstädte ausgestellt.

Oh, Sozialer Wohnungsbau.

VI
Die Scholastiker

Und welcher Architekt, hier in der Kolonie, fünfzig Jahre später, sollte das alles ändern? Welcher Architekt wagte es, während der Adler seine Vorherrschaft im zwanzigsten Jahrhundert durch lautes Kreischen verkündete, für Amerika etwa, anderes zu entwerfen als eine Hommage an den mitteleuropäischen Sozialen Wohnungsbau der 20er Jahre? Wenn man fair sein will, muß man sagen, daß es nicht nur eine Frage des Wagemuts war, wie das traurige Beispiel von Stone und Saarinen gezeigt hatte. Nein, die einzige Möglichkeit, erfolgreich zu rebellieren, seine Originalität zu etablieren und dafür respektiert zu werden, lag darin, mit unendlicher Subtilität und vollendetem Respekt vor Umgangsformen vorzugehen. Der neue Ton wurde 1966 von Robert Venturi vorgeführt, einem einundvierzig Jahre alten Architekten, der in seinem Leben kaum ein halbes Dutzend Häuser gebaut hatte.

Venturi brachte ein Buch namens *Complexity and Contradiction in Architecture* als Teil einer Serie des Museum of Modern Art über »den theoretischen Hintergrund der modernen Architektur« heraus. Venturis Essay sah, auf den ersten Blick, wie schiere Abtrünnigkeit aus. Er nahm Mies' berühmten Ausspruch »Weniger ist mehr« und stellte ihn auf den Kopf. »Weniger ist langweilig«, sagte er. Er forderte »unordentliche Vitalität«, um die »offensichtliche Einheitlichkeit« des Modernismus zu verdrängen; er wollte »hybride« Elemente statt der »reinen«; das Verrenkte war ihm lieber als das Unumwundene, das Doppelsinnige lieber als das Dekretierte, das Widersprüchliche und Ungewisse lieber als das Direkte, Klare; er mochte »sowohl – als auch« lieber als »entweder – oder«, »schwarz *und* weiß *und* manchmal grau« lieber als »schwarz oder weiß«, Vieldeutiges lieber als Eindeutiges. In *Learning from Las Vegas* und *Learning from Levittown* sagte er, wo die nötige »unordentliche Vitalität« zu finden sein könnte. Hinweise dafür sollten aus der »Jargon«-, der »Dialekt«-, der »Slang«-Architektur Amerikas in der zweiten Hälfte des 20. Jahrhunderts kommen. »Main Street hat fast recht«, um einen seiner Aussprüche zu zitieren. Also hatten Wohnsiedlungen (Levittown) und Kiez-Straßen (Las Vegas) fast recht.

Venturi schien zu sagen, daß es an der Zeit war, die Architektur aus der elitären Welt der Universitäten zu entfernen – aus den Verbünden – und sie wieder vertraut, gemütlich, anheimelnd und auch für einfache Menschen ansprechend zu machen ... und sie von der Ebene der Theorie zu heben und wieder auf dem kompromittierenden und widersprüchlichen, aber gleichwohl üppigen Terrain des wirklichen Lebens anzusiedeln.

Deshalb waren die Leute auch so verblüfft, wenn sie Venturis Gebäude sahen. Es gab sehr wenige Gebäude von Venturi, was nur verständlich ist, da er jung war und ein Rebell. (Eins davon war für Mutti.) Als *Complexity and Contradiction in Architecture* herauskam, war sein einziges Gebäude von nennenswerter Größe das Guild House, ein Wohnungsprojekt der Quäker für alte Leute in Philadelphia. Für so einen freimütigen jungen Mann (bei Architekten war jeder unter fünfzig jung) war Venturis Arbeitsweise etwas ... *tastend.* Wenn er sich vom Modernismus entfernte, dann gestaltete er seinen Abschied sehr behutsam, mit kleinen Schritten

Bruno Tauts Hufeisen-Siedlung, Berlin 1926 (oben) und
Robert Venturis Guild House, Philadelphia 1963 (unten).
Siebenunddreißig Jahre haben wir gebraucht,
um von (oben) nach (unten) zu gelangen.

und auf leisen Sohlen. Tatsächlich wies das Guild House eine seltsam starke Ähnlichkeit mit Bruno Tauts *Rot-Front!*-Arbeitersiedlung auf, die siebenunddreißig Jahre früher entstanden war. Und Bruno hatte, wenn man mal von gelegentlichen Geschmacksverirrungen (wie dem Verwenden einer Farbe) absieht, sein Leben der Aufgabe geweiht, es in der orthodoxen Manier *richtig hinzukriegen.* Auf den ersten Blick schienen Venturis Worte rebellisch zu sein. Aber seine Entwürfe machten immer nur einen furchtsamen Eindruck. Ein Hinweis auf des Rätsels Lösung war der Umstand, daß *Complexity and Contradiction* in einer Buchreihe des Museum of Modern Art erschienen war. Bei Utopia mbH verlegten sie keine Bücher über den »theoretischen Hintergrund der modernen Architektur« von Abtrünnigen.

Venturi konnte ausgezeichnete akademische Empfehlungen vorweisen. Er hatte in Princeton Architektur studiert und gehörte in Yale zum Lehrkörper. Wie sein Freund Louis Kahn hatte er als Stipendiat der American Academy ein Jahr in Rom studiert. Venturi war der klassische Architekt & Intellektuelle der Neuen Zeit; jung, schlank, mit leiser Stimme, cool, ironisch, weltläufig, hoch gebildet, charmant, aber mit einem genau abgemessenen Grad von Zurückhaltung, erfahren in Lehre und Strategien der modernen Architektur, befähigt, profane mit gelehrten Wörtern zu mixen, historische Querverweise der esoterischen Art – auf Lutyens, Soane, Vanbrugh, Borromini – mit solchen von eher banaler Natur – auf Reklameschildern, Neon-Schriften, Einkaufszentren, Briefkästen am Straßenrand.

Complexity and Contradiction erschien mit rührenden, teils sogar leicht kardinals-purpurn eingefärbten Worten der Billigung in Form einer Einführung von Yales führendem Architekturgeschichtler Vincent Scully und eines Vorworts von Arthur Drexler, dem Kurator für Architektur am

Museum of Modern Art. Scully sagte, Venturis Werk »scheine sich in der Tradition von [Frank] Furness, Louis Sullivan, Wright und Kahn einem tragischen Status zu nähern«. (Die tragische Verbindung zwischen diesen vieren, soweit sie sich überhaupt aus Scullys Text ablesen läßt, besteht darin, daß sie alle mal zum einen oder anderen Zeitpunkt in Philadelphia arbeiten mußten.)

Genauer betrachtet, stellt sich Venturis Abhandlung nicht als Abtrünnigkeit dar, sondern als flinker und brillant geplanter Sprung: hinauf, die Wand hoch, zur Spitze des Verbundes. Erst mal nennt er es schon ein »freundliches« Manifest. Aber Manifeste sind nicht freundlich. Sie sind Gebote, von Donnergrollen untermalt und vom Gipfel des Berges herab verkündet. D. h.: *Complexity and Contradiction* ist gar kein Manifest; Venturi versucht gar nicht, die Göttlichkeit der Kunst und die Autorität des guten Geschmacks aus den offiziellen Gefilden zu entfernen. Dieses Signal sendet er schon gleich zu Anfang:

»Ich mag Vielfalt und Widerspruch in der Architektur. Ich mag weder die Inkonsequenz noch die Willkür inkompetenter Architektur noch die preziösen Kniffligkeiten des Pittoresken oder Expressionistischen.« Übersetzung: »Ich bin, wie ihr, gegen das Bourgeoise (Pittoreske, Preziöse, Intrikate, Willkürliche, Inkonsequente und Inkompetente). Darüber hinaus interessiere ich mich, wie ihr, nicht für das nur Exzentrische (Expressionismus, wie bei Saarinen oder Mendelsohn).« Venturi fährt fort: »Statt dessen spreche ich von einer komplexen und widersprüchlichen Architektur, die sich auf den Reichtum und die Widersprüchlichkeit der modernen Erfahrung gründet, einschließlich der Erfahrung, die zur Kunst gehört.« Dieser Satz, so stellt sich heraus, ist der wichtigste im ganzen Buch. *Einschließlich der Erfahrung, die zur Kunst gehört.* Übersetzung: »Ich, wie ihr, arbeite hier innerhalb dieser Mauern. Ich bin nach wie vor ein Mitglied des Verbundes. Keine Sorge, ich werde die Vielfalt und die Widersprüchlichkeiten, die ich euch zeigen werde, mit all ihrer ›unordentlichen Vitalität‹, nicht aus den Dummheiten der Welt dort draußen beziehen (außer, gelegentlich, um ein paar spielerische Effekte zu erzielen), sondern aus unserer eigenen Erfahrung als Nachkommenschaft des Silberprinzen. Ich werde euch zeigen, wie man Architektur macht, die andere Architekten amüsieren, entzücken, bezaubern wird.«

Dies also war Venturis Genie. Er führte den Modernismus in sein scholastisches Zeitalter. In dunkler Vorzeit war Scholastik die Theologie, mit der man die Subtilität anderer Theologen testete. Die Scholastik im zwanzigsten Jahrhundert war die Architektur, mit der man die Subtilität anderer Architekten testete. Venturi wurde der Roscellinus der modernen Architektur. Roscellinus, einer der brillantesten Scholastiker, bewegte sich hart am Rande der Ketzerei und damit der Exkommunikation, indem er andeutete, daß, wenn Jesus Christus, Gott und der Heilige Geist die Dreieinigkeit waren, die bare Logik es erfordern könne, daß auch Gott und der Heilige Geist körperlich existieren und Ohren, Zehen und alles sonst haben müssen. Er wurde aber nicht exkommuniziert, und er war kein Ketzer. Er hatte lediglich die Logik, bis an ihre eigenen Grenzen ausgereizt und hatte sie dazu gebracht, ein paar Kopfsprünge mit anderthalbfachem Überschlag zu machen. Nicht einen Augenblick lang stellte er Gottes Göttlichkeit und die Existenz der Dreieinigkeit in Frage. Und damit sind wir wieder bei Venturi und, was das betrifft, auch bei der postmodernen Architektur, wie sie genannt wird, im allgemeinen.

Keinen Augenblick lang bestritt Venturi die Voraussetzungen der modernen Architektur: sie sollte nämlich für *das*

Volk sein; sie sollte *non-bourgeois* sein und *ohne angewandte Dekoration* (»Kunst am Bau«) auskommen; den verwendeten Formen sollte eine *historische Unvermeidbarkeit* anhaften; und der Architekt sollte – von seiner vorteilhaften Warte innerhalb des Verbundes aus – entscheiden, was für das Volk am besten war und was es unweigerlich vorgesetzt bekommen würde.

Mit beträchtlichem Witz definierte Venturi diese beiden Punkte aus der Tagesordnung des Verbundes neu – *Volk* und *non-bourgeois* – und präsentierte dann die Elemente des orthodoxen modernen Designs als Posse, mit einem »Hier bitte treten!«-Schild auf dem Hintern. Dies wurde unter Architekten als »witzige« oder »ironische Beweisführung« bekannt.

In Venturis Kosmologie konnte man nicht mehr in der Begriffswelt des Industrieproletariats, an *das Volk* denken, nicht mehr an die Arbeiter mit den erhobenen Fäusten, prall gefüllten Adern an den Armen und mit Hälsen, die dicker waren als der Kopf, die unterdrückten marxistischen Massen in den Slums der Großstädte. *Das Volk* war jetzt der Mittelstand, wie Venturi das nannte. Es wohnte in Vorstadtsiedlungen wie Levittown, ging bei A & P im Einkaufszentrum schräg gegenüber einkaufen und fuhr in den Ferien nach Las Vegas, wie es früher nach Coney Island gefahren war. Die mittleren Mittelmenschen waren nicht die Bourgeoisie. Sie waren die »breiten« Volksmassen – im Gegensatz zu den engen wahrscheinlich. Wenn man sich ihnen gegenüber wie ein Snob aufführte, war man elitär. Und was konnte in dieser unserer neuen Zeit elitärer sein, wollte Venturi wissen, als Mies' Tradition des International Style mit dem gesteigerten Wert, den er auf »heroische und originelle« Formen legte? Mies' Modernismus war selbst ... *bourgeois geworden!* Moderne Architekten waren von modernen Formen besessen. Venturi verglich die Mies-Schachtel mit einer entenförmigen Verkaufsbude in Coney Island. Die gesamte Baulichkeit war dem Ausdruck eines einzigen Gedankens geweiht: »Hier gibt's Enten.« So auch die Mies-Schachtel. Sie drückte nur das eine aus: »Hier gibt's moderne Architektur.« Und das war *Expressionismus,* stimmt's? Heroisch, originell, elitär: wie überaus bourgeois!

Also tat Venturi den *Mies*lingen genau das gleiche an, was diese ein halbes Jahrhundert früher Otto Wagner, Josef Hoffmann und den Architekten der Wiener Secession angetan hatten. Er schiffte sie auf der Müll-Barkasse bourgeoisen Abweichlertums ein.

Was nun das Volk, den Mittel-Mittelstand, betraf, so schätzte es Venturi genauso ein wie der Silberprinz die Proleten vor fünfzig Jahren. D. h.: intellektuell unentwickelt, obwohl Venturi bei weitem nicht so unbehauen war, daß er einen solchen Ausdruck verwendet hätte. Man verlor keine Zeit damit, sie zu fragen, was sie mochten. Wie in den Verbünden Sitte, traf der Architekt die Entscheidungen auf diesem Gebiet.

Venturis Entscheidungen ähnelten den Entscheidungen von Gropius, der entschieden hatte, daß die Arbeiter niedrige Zimmerdecken, kleine Räume und enge Korridore haben müssen. Venturi erklärte, die Menschen hätten durchaus das Recht auf jene Sorte von vertrauten und expliziten Symbolen an ihren Gebäuden, die angewandte Dekoration bieten kann. Deshalb stellte er oben auf seinem Guild House eine riesige Fernsehantenne aus Aluminium mit Gold-Eloxal-Überzug auf. Diese war jedoch mit keinem Fernsehapparat verbunden. Sie war »ein Symbol für den älteren Menschen«.

Ein Symbol für den älteren Menschen? Scully steuerte eine ausführlichere Erklärung bei. Venturis Fernsehantenne sei erstaunlich direkt, erfrischend offenherzig. »Schließlich krönt eine Fernsehantenne von angemessenen Ausmaßen das Gebäude, genauso, wie das Fernsehen – dahingestellt, ob gut oder schlecht; auf jeden Fall tatsächlich – das Leben unserer alten Leute erfüllt. Welche Art von Würde auch immer darin liegen mag: Venturi versinnbildlicht sie, aber er belügt uns kein einziges Mal, wenn's um die Fakten geht.« Der Ausdruck »welche Art von Würde auch immer« bezog sich vermutlich auf die Würde bejahrter Mittel-Mittel-Vetteln, die, vom tuberkulösen blauen Schimmer des Fernsehapparats aus narkotisiert, ihre goldenen Jahre absitzen. Wieviel Genuß, falls es einer war, dieses vertraute und explizite Symbol den Bewohnern von Guild House bereitete, teilte er nicht mit.

Na, wenn schon! Die Fernsehantenne des Guild House war vor allen Dingen ein Beispiel für Venturis Begabung auf dem Gebiet des modernistischen Possenreißens. Die Antenne war ein Stück angewandte Dekoration und, darüber hinaus, eine Krone, ein Zierkrönchen, rundherum das gleiche wie der »phantastische Anlege-Poller für Luftschiffe« auf dem Empire State Building – d. h. ein offenkundiger Verstoß gegen den International Style. Aber in Wirklichkeit war es nur eine Fernsehantenne, welche ein ganz gewöhnliches, maschinell hergestelltes (gut) Objekt ist, dessen Funktion es erfordert (gut), daß es oben auf einem Gebäude befestigt ist. Demnach würden ohnehin nur solche Betrachter, denen der Architekt einen leichten Rippenstoß versetzt hatte, überhaupt erkennen, daß es sich da um ein Ornament handelte. Hier haben wir das, was in der Venturi-Ära als »ironischer Bezug« bekannt wurde. Genau wie der Gold-Überzug. Gold war der Inbegriff alles hoffnungslos Bourgeoisen in der Architektur. Aber gold-eloxiertes Aluminium war wieder was anderes, oder? Das war ein Material, wie es

gewöhnlich für den alltäglichen fließbandgefertigten Glitzerkram der Leute vom mittleren Mittelstand verwendet wurde, zum Beispiel für die Zierleisten an den fahrbaren Untersätzen von Fernsehgeräten.
Venturi ließ durchblicken, daß er, wenn das Guild House nicht von Quäkern geführt würde, die etwas gegen solche Götzenbilder haben, das Gebäude mit einer »polychromen Gips-Madonna mit ausgebreiteten Armen« gekrönt hätte. Hätte er …, hat er aber nicht. Venturis rebellische Verzükkungen, das »Vulgär-Idiom« betreffend, bewirkten, daß die Leute immer wieder in seinen Gebäuden nach Gips-Madonnen und mehr suchten. Aber irgendwie tauchten nie welche auf. Es war Venturis Strategie, das Tabu zu brechen – ohne es zu brechen. Er verwendete roten Backstein (bourgeois) für den oberen Teil der Fassade des Guild House –; der aber, so stellte sich heraus, war dunkelrot: eigens gewählt, um mit dem »smogverschmierten« Backstein der heruntergekommenen Arbeitersiedlungen ringsum zu harmonieren (non-bourgeois). Er stellte eine dicke Säule (bourgeois) vor den Eingang des Guild House, welche aber, so stellte sich heraus, ohne Verzierungen war (non-bourgeois), kein Kapitell (non-bourgeois) und keinen Ziergiebel (non-bourgeois) hatte, und außerdem waren es keine zwei, und sie standen nicht links und rechts vom Eingang, sondern es war nur eine, und sie stand direkt davor, so daß das Ganze nicht großartig (bourgeois) aussah, sondern beengt (non-bourgeois). Die Balkone bekamen dekorative Geländer (bourgeois), aber sie schienen im denkbar billigsten Massenproduktionsverfahren gestanzt worden zu sein (non-bourgeois, aber wie!).
Oh, Vielfalt! Oh, Widerspruch! Das Tabu zu brechen, ohne es zu brechen! Welche Virtuosität! Venturi hatte Verleumder, aber in den Verbünden konnte niemand umhin, beein-

druckt zu sein. Hier hüpfte und schrie ein Mann auf den Klostermauern und schlug rad – ohne auch nur einmal auszurutschen oder zu fallen.

Natürlich hätte ein Marsmensch – oder, wie wir getrost annehmen können, ein Greis aus Philadelphia, der für die ihm noch verbliebene Zeitspanne seiner Fernseh-Infantilität im Guild House untergebracht ist – das nämliche Gebäude betrachtet und nur eine weitere typische, düstere (smogverschmiertes Rot), gesichtslose moderne Anstalts-Struktur gesehen. Sogar in den Verbünden gab es Leute, die den Fehler machten, Venturis Werk mit solchen Ausdrücken zu beschreiben. Philip Johnson und Gordon Bunshaft nannten Venturis Werk »unschön« und »ordinär«. Sie lebten beide noch lange genug, um das zu bereuen. Venturi war in solchen Situationen brillant. Er war Jiu-Jitsu-Meister. Wie die Fauvisten und Kubisten längst vergangener Tage nahm er jedes Epitheton als glorreiches Motto auf. »Unschön und ordinär!« sagte er. Dann machte er »U & O« daraus und spielte eine Zeitlang damit herum. Lieber »U & O« als »H & O« – Heroisch und Originell, die Einstellung von *Mies*lingen wie Johnson und Bunshaft. H & O, J & B ... wie überaus bourgeois.

Venturi pries oft die Pop-Künstler der 60er Jahre, als stellten sie irgendeine Verbindung zwischen der hehren Kunst und der populären Kultur wieder her. Venturis Strategie war tatsächlich genau die gleiche wie die der Pop-Künstler – und weder der eine noch die anderen hatten ein über das Verspielte und »Camp«ige hinausgehendes Interesse an der populären Kultur. Pop Art war keine Rebellion. Die Pop-Künstler befolgten mit der gleichen religiösen Inbrunst die zentralen Glaubenssätze des Modernismus, was Plattheit (»die Unversehrtheit der Bildfläche«) und Non-Illusionismus betrifft, wie die von ihnen in den Schatten gestellten

Abstrakten Expressionisten. Sie bemühten sich, nur Bilder von anderen Bildern zu malen – Etiketten, Comicstrip-Bildfriese, Fahnen, mit Zahlen bedruckte Seiten –, so daß ihre Oberpriester-Kollegen in der modernen Bewegung merkten, daß sie keine Rückkehr zum Realismus vorhatten. Jasper Johns' Verfechter zum Beispiel sagten, daß seine Bilder von Fahnen und Zahlen die *flachsten* und *non-illusionistischsten* Gemälde überhaupt seien, weil sie Dinge abbildeten, die von Haus aus zweidimensional und abstrakt waren. Pop war ein Schabernack, ein mutwilliges, aber im Grunde respektvolles Augenzwinkern an die Adresse der Orthodoxie des Tages.

Für viele jüngere Architekten war Venturis großes Augenzwinkern unwiderstehlich. Der Mann war ein Genie. Er hatte die perfekte Strategie entwickelt, wie man die alte Meute, die Burschen aus der Mies-Schachtel, in die Flucht schlagen konnte, ohne das Verbund-System als solches abzubauen. Venturi hatte ihre verwundbaren Stellen gefunden: erstens ihre gräßliche Feierlichkeit und ihren hehren Ernst, und zweitens ihr Alter und ihren mangelnden Durchblick in Fragen des modernen Lebens. Ihre Vorstellungen von Maschinen und Massenproduktion stammten aus der Zeit vor dem Ersten Weltkrieg. Ihre *Mies*ling-Methode, das non-bourgeoise Endziel zu erreichen, hatte darin bestanden, das »industrielle Vulgär-Idiom«, wie Venturi es ausdrückte, von »der anderen Seite der Bahnlinie« herüberzuholen und in den »bürgerlichen Gefilden der Stadt« anzusiedeln. Venturi tat das gleiche, aber er brachte diesen Prozeß auf den neuesten Stand. Er benutzte »das kommerzielle Idiom« (den Strip von Las Vegas) und »das Idiom der Kaufleute und Bauherren« (die bauliche Entwicklung in den Vororten). Nieder mit den T-Trägern. Ein Hoch der Fernsehantenne hier und der gestanzten *polka-dot*-Balustrade dort. Das war die Schönheit daran. Venturi hielt nach wie vor einen zentralen Glaubenssatz der Verbünde aufrecht. Er klammerte sich an die falsche Seite der Bahnlinie. Er bewahrte den non-bourgeoisen Glauben.

Es gab welche, die, wie Venturi selbst, glaubten, die Quelle der geheimnisvollen »Referenz« (die Terminologie des Strukturalismus wurde nun aufgesetzt wie ein Monokel) seien die wimmelnden mittleren Mittel-Massen draußen vor den Mauern. Charles Moore, früherer Dekan der Architektur-Fakultät in Yale und jetzt an der University of Southern California Los Angeles, wurde der Meister der historischen Referenz in Camp-Manier. Moore plazierte ein großes Stück Victorianische Verkleidung mit ausschweifenden Kehlleisten (bourgeois mal 1,5) über die Haustür eines Privathauses – aber mit den folgenden Zusätzen, die das Ganze im letzten Moment aus dem Rachen der Abtrünnigkeit retteten: (1.) Er klebte die Verkleidung nur ganz oben hin und ließ der übrigen Tür nur den üblichen gemeinen Rahmen aus Arbeitersiedlungs-Putz. (2.) Er benutzte keine Verschalung oder Architrav-Verkleidung, wie man sie normalerweise an Türrahmen sieht (falls man sich überhaupt einem so rückschrittlichen Anblick aussetzt), sondern eine Putzblende, an der man eigentlich, wenn man will, mit Draht oder Zierkordel Bilder aufhängt. (3.) Falls jemand es immer noch nicht kapiert haben sollte, befestigte er einen kleinen Streifen Spiegelglas senkrecht an der Verkleidung, um durch Wiederholung eine Betonung zu erzielen. Aber was sollte betont werden? –: Der Umstand, daß es sich hier nur um »eine historische Referenz« handelte. Intellektuell blieb die Verkleidung so abgesondert und weit weg, als befände sie sich in einem Volkskunstmuseum hinter Glas.
Allmählich begann sich eine Venturi- oder »Pop-Architek-

Die Whites. Das Ganze kehrt … Marsch!
Und zwar marschierte die Avantgarde entschlossen in die 20er Jahre zurück, hinein in Corbus frühe Phase, und Gerrit Rietveld reichte dann Erfrischungen.
Diese Seite oben: Haus II von Peter Eisenman.
Diese Seite Mitte: Das Douglas House von Richard Meier.
Rechte Seite: Landsitz in Bridgehampton von Charles Gwathmey.

tur«-Bewegung zu formieren. Moore, Hugh Hardy, Moores Freund William Turnbull und Robert Stern gehörten dazu. Als Stern in Yale Architektur studierte, gab er die Zeitschrift *Perspecta* heraus und hatte dort ein Jahr vor dem Erscheinen des Buches Teile aus *Complexity and Contradiction* abgedruckt und dazu beigetragen, daß Vincent Scully auf Venturi aufmerksam wurde. Inzwischen diente Scully der Venturi-Fraktion der amerikanischen Architektur so, wie Guillaume Apollinaire den Kubisten gedient hatte, nämlich als Gelehrter, Berater und Sonderbeauftragter.

Ohne jeden Zweifel war Scully ein beglaubigter Prophet. In seiner Einführung zu *Complexity and Contradiction in Architecture* hatte er eben diesen Text als das Wichtigste bezeichnet, was seit Le Corbusiers *Vers une architecture* über Architektur geschrieben worden sei. In den nächsten paar Jahren erwies sich, daß er recht gehabt hatte. Venturi war der erste Architekt, der innerhalb des Verbundes des Silberprinzen eine bedeutende Veränderung herbeiführte. Wie Roscellinus hatte Venturi seine Feinde, ziemlich ergrimmte sogar. Aber alle miteinander waren sie in jenem bitter ernsten Spiel gefangen, das er ins Leben gerufen hatte: Architektur von unendlicher Subtilität zu Entzücken und Verwunderung anderer Architekten. Die neuen *arcana:* enthüllt! Dem einen Mönch vom andern.

Die Rezession der frühen siebziger Jahre intensivierte den Prozeß. Die Rezession zerstörte die Geschäftsstruktur der amerikanischen Architektur beinahe so gründlich wie die Große Depression vierzig Jahre zuvor. Es hatte während der sechziger Jahre einen wahnsinnigen Bau-Boom gegeben; praktisch jede größere Innenstadt der östlichen USA war in kurzer Zeit neu aufgebaut worden. Man hatte viele neue Firmen gegründet, und viele ältere Firmen waren auf mehr als hundert Mitarbeiter angeschwollen. Die Expansion hatte, als die finanzielle Talfahrt begann, ihr natürliches Ende gefunden. Über Nacht, so schien es, waren 30 bis 40 Prozent aller Architekten arbeitslos geworden. Firmen mit zweihundert Angestellten hatten plötzlich nur noch zehn. Aufsichtsräte schoben Telefondienst. Konstruktionszeichner wurden zu Vizepräsidenten befördert. Auf diese Weise konnte man sie, anstatt ihnen Gehälter zu zahlen, am Gewinn beteiligen, der nicht erwirtschaftet wurde. Dann kam der Exodus. Die Hälfte von Amerikas Architekten schien, wenn sie überhaupt arbeitete, für den Schah von Persien zu arbeiten. Vierzig Prozent schienen für König Saud den Guten zu arbeiten. Der Rest blieb zurück, um im Rahmen des intellektuellen Wettstreits an den Akademien nach Ruhm zu streben.

Im Jahre 1972 bewarb sich ein neuer Verbund, der als die *Whites* oder die *New York Five* bekannt war, um Aufnahme, und zwar mit einem Buch namens *Five Architects,* wobei es sich bei den Fünfen um Peter Eisenman, Michael Graves, John Hejduk, Richard Meier und Charles Gwathmey handelte. Gegenüber Venturis Roscellinus spielten sie den Anselm oder Abaelard. In ihrer Bewegung versprachen sie, originell zu sein, ohne dem Postulat des Modernismus Gewalt anzutun, und diese Position nahmen sie so ein: Der wahre Weg war nicht im Lande des wuchernden mittleren Mittelstandes zu suchen, sondern er führte zurück zu den ersten Prinzipien. Sie fanden, man müsse zum pursten aller Puristen zurückkehren, zu Dr. Purismus persönlich, zu Le Corbusier, und die Pfade erkunden, die er bezeichnet hatte. Ihr Apollinaire war Colin Rowe, ein Architekturprofessor in Cornell, der eine einflußreiche Exegese der Werke Le Corbusiers geschrieben hatte. Man nannte sie die *Whites,* weil praktisch alle ihre Gebäude weiß waren, innen und außen, wie die des Meisters.

Sie vertraten den Standpunkt, daß Corbu ein Universum von Formen erschlossen habe, die richtig und unausweichlich waren, weil sie direkt aus dem Kern stammten – der »Tiefenstruktur«, um Eisenmans Formulierung zu gebrauchen –, der Bedeutung von Architektur als solcher. Der *Bedeutung* von Architektur? Für die meisten, die sich den Whites unvorbereitet näherten, war dies ein widriger Gedanke. Doch – oho! –: All die verwirrten Blicke trafen die Whites nicht ungewappnet an.

Inzwischen war die Philosophie – und der Jargon – der französischen Strukturalisten auf dem Gebiet der Linguistik an amerikanischen Hochschulen überaus modern geworden. Sogar Venturi war mit all seinem Gerede von »Idiomen«, »Kodes«, »Referenzen« und »Verweisen« und »Ambiguitäten« davon beeinflußt. Der Strukturalismus war in Frankreich in einem, wie wir ihn vielleicht nennen dürfen, spät- oder manieriert-marxistischen Mulm entstanden. Die Strukturalisten nahmen an, die Sprache (und damit die Bedeutung) habe eine unveränderliche Grundstruktur, die aus nichts Geringerem als dem Zentralnervensystem erwachse. Und nun haben die herrschenden Klassen, die Kapitalisten, die Bourgeoisie, instinktiv diese Struktur entund sich angeeignet, um sie ihren Zwecken dienstbar zu machen, wobei sie sie mit einer verwirrenden internen Propaganda tränkten.

Wenn dieser Gedanke als solcher ein wenig unverständlich erschien, so machte das gar nichts. Dagegen machte es durchaus etwas, daß die Strukturalisten Leute waren, die sich einzig der Aufgabe geweiht hatten, die ganze bourgeoise Schweinerei bis auf die schieren Gebeine abzuspecken. Die Strukturalisten dienten dem Volke allein schon durch die Arbeit, die sie leisteten. Man brauchte also deshalb nicht gleich schweinös politisch zu werden. Die gleiche mulmigneblige Herzensgüte umwölkte die Whites. Die einfache Wahrheit war diese: Es gab kaum etwas, das ihnen wurster gewesen wäre als Politik. Das war auch gar nicht so nötig. Denn man konnte davon ausgehen, daß strukturalistische Experimente gut waren für das Volk.

Die Werke der Whites waren auf den ersten Blick als solche zu erkennen. Ihre Gebäude waren weiß ... und verwirrend. Es war ihnen so gut wie unerträglich, wenn sie sich den gelegentlichen schwarzen oder grauen *touch* abringen mußten – wie zum Beispiel dieses schwarze Band, das man unten um ein Haus herummalt, damit es die Arbeit der alten (bourgeoisen) Basis-Simse verrichtet. Sie waren davon überzeugt, daß man, wenn man – in den neuen Zeitläufen – non-bourgeois sein wollte, peinlich pur sein mußte, so, wie Corbu peinlich pur gewesen war, pur und verwirrend. Das Verwirrende war *ihr* Beitrag.

Corbu war eine Glasscheibe – verglichen mit, sagen wir mal, Peter Eisenman, einem Architekten, der das Institute for Architecture and Urban Studies in New York unter sich hatte, welches die beiden Haupt-Organe der Whites herausbrachte, *Oppositions* und *Skyline*. Eisenman war Corbu, wenn Corbu jemals nach Holland gefahren wäre und sich von Gerrit Rietveld hätte hypnotisieren lassen. Eisenman entwarf weiße Gebäude, die ein *Him*mel aus Geoffen*bar*ter Struk*tur* waren. Der Outsider fand sie überaus unverständlich. Der Insider – der Verbund-Architekten-Kollege – konnte ein gewisses Muster ausmachen, irgendein komplexes Paradigma, das all den seltsamen Winkeln und vorspringenden Elementen zugrunde lag –, kam aber beim besten Willen nicht darauf, was es verdammtnochmal sein mochte. Die eigene esoterische Seele schrie weinend nach einer Erklärung.

Aber Eisenmans Erläuterungen waren keine große Hilfe,

nicht einmal für den Eingeweihten. Eisenman hatte seine Linguistik genossen, und zwar nicht zu knapp ... Andere sprachen von *syntaktischen Nuancen* und von der *Symptomatologie der Infrastruktur* und der *Semantik der Hyper-Struktur* und den *Morphemen negativen Raumes* und den *Polyphemeren der architektonischen Nach-Imago*. Sie redeten über solche Sachen wie »die Artikulation des Perimeters der wahrgenommenen Struktur und dessen Dialog mit der ihn umgebenden Landschaft«. (Was einen Logiker aus Harvard zu der Frage »Und was hat die Landschaft gesagt?« hinriß. Worauf der Architekt nichts in Worten Festzumachendes erwiderte.) Aber verglichen mit Eisenman waren sie alle einfache, einfältige, allzu einfältige UPI-Kommastreuer. Eisenmans großes Genie bestand darin, daß er vergleichsweise klare Wörter der Linguisten-Lingo verwendete, die einem das arme Hirn schnurstracks ins Bermuda-Dreieck trieben.

»Die syntaktische Bedeutung, wie sie hier definiert ist«, sagte er zum Beispiel, »berührt die Bedeutung nicht, die Elementen oder tatsächlichen Relationen zwischen Elementen zuwächst, sondern die *Relation* von *Relationen* untereinander.«

Eisenman war großartig. Mit einem einzigen Satz konnte er jeden Menschen ins Dreieck verfrachten. Eisenman war ein solcher Purist, daß er in den wenigen Fällen, wenn eins der Häuser gebaut wurde, die er entworfen hatte, von diesen Häusern nicht wie andere Architekten mit den Namen der Besitzer sprach (z. B. das Robie House von Wright, das Haus Schroeder von Rietveld). Er sprach von ihnen als Nummern: Haus I, Haus II und so weiter. Es war, als gehörten sie niemandem, egal, wer sie bezahlt hatte. Sie gehörten der tiefen Struktur der Architektur; und sie gehörten, wenn man schon redigieren muß, der Geschichte. Sein Verbundesbruder Hejduk belegte seine Häuser aus einem anderen

Grund mit Nummern: Keins war je gebaut worden. Sie waren sämtlich zweidimensionale theoretische Abhandlungen im Sinne Corbus, wie sein »Halbes Haus«, das aus Grundrissen und axonometrischen Schemata bestand, die auf einem Halbkreis, einer halben Raute und einem halben Quadrat fußten. Das einzige Stück gebauter Arbeit, das Hejduk vorweisen konnte, war die Renovierung des Interieurs vom Cooper Union Building in New York, wo er Dekan der School of Architecture war. Es war bemerkenswert genug: ein Buddelschiff von Corbu, wider alle Wahrscheinlichkeit in eine Beaux-Arts-Flasche gezwängt. Ich sah es zum erstenmal, als ich 1980 zum Auftakt der Einführungskurse dorthin gegangen war. Ich konnte mich kaum auf die Veranstaltung konzentrieren. Cooper Union war unter Denkmalschutz gestellt worden, so daß Hejduk außen nichts hatte anfassen dürfen. Außen sah es ziemlich so aus, wie es Fred A. Petersen vor hundertzwanzig Jahren entworfen hatte. Es war ein großer Walzertraum in Klinker aus Bogenfenstern, Zäsuren, Gesimsen und Loggias im italienischen Palazzo-Stil, und es bedeckte einen ganzen Häuserblock. Und innen? In das alte Gefäß aus Maurerarbeit hatte Hejduk mit ungeheurem Kostenaufwand Corbus kleine Villa Savoye gestellt und wie einen Luftballon aufgeblasen. Die weißen Mauern, die Rampen, die Röhrengeländer, die Zylinder … Es war alles recht bizarr. Und warum hatte er es getan? Weil er, da er ein wahrer Verbund-Architekt, ein wahrer *White,* ein wahrer Neo-Purist war, *nichts anderes konnte.* Petersen hatte für die Treppen große Fenster entworfen. Er hatte sich dabei gedacht, daß dadurch die Treppen von soviel Sonnenschein wie möglich erleuchtet würden. Aber das bedeutete auch, daß jeder, der treppab ging, aus dem Fenster gucken konnte und große Klumpen verdammenswürdigen Petersenschen braunen bourgeoisen Mauerwerks zu sehen bekam. Also schloß Hejduk die Treppen peinlich genau in weiße Corbu-Zylinder ein, wodurch sie zu Treppenhäusern wurden. Zu Häupten, im Finstern, auf jedem Treppenabsatz war eine einzelne schmucklose ringförmige matt schimmernde 22-Watt-Leuchtröhre von der Sorte, die in New York als Hausbesitzers Heiligenschein bekannt ist.

VII
Silber-Weiß, Silber-Grau

1973 nahmen die Venturi- oder Pop-Architekten die Whites in einer Attacke an, die im Planungsstadium wie ein großer Jux aussah. Es war ein Text namens »Five on Five«, und er erschien im *Architectural Forum.* Es ging darum, daß fünf Architekten des Venturi-Flügels – Moore, Stern, Jacquelin Robertson, Allan Greenberg und Romaldo Giurgola – *Five Architects* rezensieren sollten. Stern fing mit einem Stück an, das den Titel »Stompin' at the Savoye« hatte. Sterns Stallgefährten eröffneten ihre Runden meist mit ein paar Verbeugungen und Finten professioneller Höflichkeit, aber Stern entwickelte sofort den richtigen Kampfgeist. Er beschrieb Colin Rowe als »intellektuellen Guru« der Five, als einen Mann, der in der »Treibhaus-Ästhetik der 20er Jahre« steckengeblieben, »den fragwürdigsten Aspekten von Le Corbusiers Philosophie« verhaftet sei – und auf Vincent Scullys zutreffenden Anwurf, Venturi existiere mit Le Corbusier auf einer Ebene als »Formgeber«, sauer reagierte. Er sagte, Hejduk mache das einzige, wozu seine Entwürfe taugten: »Papier-Architektur«. Was Eisenman betraf, so machte dessen Theoretisieren ihm, Stern, »Kopfschmerzen«, und seine Häuser seien »ein Überfluß von Wänden, Balken und Säulen«, welche sich nicht zu einer »tiefen Struktur« vereinigten, sondern zu Klaustrophobie. Er nannte Graves und Meier »zwanghaft modern« und fand, daß Meier außerdem »klumpig« baue. Robertson versuchte, in der Beurteilung der Arbeit von Meier und Gwathmey großzügig und ausgewogen zu sein, aber als er zu Graves kam, konnte er sich nicht mehr zurückhalten. Bei Graves, sagte er, fand man alles vor, was im Neo-Corbu »schwach« und »schlecht beraten« war. Seine Häuser, sagte er, »wimmeln innen und außen von einer Art garstigem modernen Efeu in Form von Geländern, Metallspalieren, unbegründeten Röhren, freigelegten Balken, unerklärlichen und törichten Schläuchen – oft ohne jeden wirklichen oder architektonischen Zweck.«

Die Whites kreischten Protest. Sie kreischten so bitterböse, daß amerikanische Architekten einander nie wieder direkt und gedruckt attackierten. Sie kreischten, aber in Wirklichkeit hatten ihnen die 5 Venturis einen großen Gefallen getan. Sie hatten den Eindruck hervorgerufen, die Whites seien eine der beiden großen Armeen, die in den himmlischen Gefilden für die Seele der modernen Bewegung kämpften. Die ganze Zukunft der amerikanischen Architektur schien vom Ausgang der Schlacht zwischen den Whites und den Pop-Architekten oder Venturianern oder der Achse Yale – Philadelphia abzuhängen ... oder wie man sie sonst nennen sollte. Irgend jemand kam mit »the Grays« an, und das war einfacher. So standen jetzt die Whites gegen die Grays. An den Universitäten hörte man nichts anderes mehr: Weiße versus Graue; die jungen Architekten begannen, Stellung zu beziehen. Die Tatsache, daß beide Seiten weiterhin den Geboten des Modernismus gehorchten, wurde in der Aufregung gern übersehen.

Die jüngeren europäischen Architekten trauten ihren Augen nicht. Dieses ewige Kolonialvolk, diese demütigen Eingeborenen, die Amerikaner, hatten die Führung an sich gerissen, und das ausgerechnet auf dem Gebiet der Architektur-Theorie. Sie vergnügten sich nur noch *miteinander* und amüsierten sich prächtig dabei – mitten in der Rezession. Dieselbe Rezession hatte auch die europäische Architektur ereilt. In mancher Hinsicht war es dort sogar noch schlimmer. Private Aufträge gab es kaum noch. Die Architekten saßen herum, nagten an regierungsamtlichen Durchführbarkeitsstudien, an allem. Warum machen wir nicht das, was die Amerikaner schon die ganze Zeit machen? Ein theoretischer Architekt konnte auch ohne Aufträge zu einem guten Ruf kommen. Zumindest konnte er eine Dozentur kriegen, und seine Zeichnungen ließen sich zu Geld machen.

In diesem Augenblick wurden – aus welchem Grund auch immer – die Rationalisten geboren. Die führenden Rationalisten waren ein Italiener, Aldo Rossi, ein Spanier, Ricardo Bofill, und zwei Brüder aus Luxemburg, Léon und Robert Krier. Die Rationalisten waren insofern genauso wie die Whites, als sie daran glaubten, daß der wahre und einzig gangbare Weg des Modernismus zurück zu den Hauptprinzipien führt. Aber sie fanden, daß die Whites nicht weit genug zurückgegangen waren. Die Rationalisten wollten mindestens bis ins achtzehnte Jahrhundert zurück; und die Frührenaissance war auch nicht übel. Die Rationalisten wollten Prä-XX.-Jahrhundert-Gebäude schaffen, aller Ornamentik entkleidet. Sie wollten zurück bis vor die industrielle Revolution, bis vor den Kapitalismus; und das heißt: sie wollten in eine Zeit zurück, als der Kapitalismus die Architektur noch nicht mit seiner Korruption verschmutzt hatte. Der marxistische Mulm, der den Rationalismus umhüllte, war noch dichter, noch dumpfer und noch sentimentaler als der Mulm, der die Strukturalisten umwabert hatte. Die Rationalisten hegten die romantische Proletkult-Vorstellung, die Handwerksmeister der Renaissance hätten aus den natürlichen und unvermeidlichen Impulsen *des Volkes* heraus gebaut, als handle es sich dabei um irgendeinen Strukturalismus der motorischen Reflexe. Der Umstand, daß diese Gebäude im allgemeinen von Königen, Despoten, Herzögen, Päpsten und anderen Autokraten in Auftrag gegeben und bezahlt worden waren, fiel nicht weiter ins Gewicht. Immerhin keine Kapitalisten.

Bald verliehen die Rationalisten der Architektur-Debatte in den Vereinigten Staaten einen gewissen zusätzlichen primitiven Reiz. Bei Architektur-Konferenzen gingen sie herum und brüllten jeden an – »Unmoralisch!« –, der anderer Meinung war als sie. Sie wirkten peinlich, aber faszinierend. Venturi machte sie rasend. Venturi lobte und pries nichts anderes als die absolute Gossenjauche des Kapitalismus in seiner bisher letzten Phase, nämlich den kommerziellen Aspekt. »Unmoralisch! Korrupt! Amerikanisch!«

Was ihre eigene Arbeit betraf, so sah diese ... nun ... seltsam faschistisch aus. In Italien wie in Deutschland hatte sich die Architektur mit klassischen Dessins geschmückt, bei denen das Ornament entfernt oder entschärft worden war. Wenn man Rationalisten wie Léon Krier an dergleichen erinnerte, begannen sie ganz leicht aus den Fugen zu geraten. Faschistisch oder nicht: Rossis Arbeiten waren ziemlich unheimlich. Ohne die Architraven. Fensterstürze, Stuckbögen und dergleichen wirkten seine Renaissance-Fenster letztlich wie unheimliche, verschattete Vakua. Bald kannte man die Rationalisten unter dem Namen *the Rats.*

Britische Architekten neigten eher dazu, das Theoretisieren skeptisch zu betrachten, aber animiert waren sie doch. Ein junger amerikanischer Architekt, Charles Jencks, in seiner eigenen Arbeit so etwas wie ein Venturi/Moore-Mann, ging nach England und brachte ein Buch namens *The Language of Post-Modern Architecture* heraus, das alle neuen Strömungen katalogisierte und analysierte. Was immer man sonst über seinen Status als Architekt sagen kann –: als witzigster

Wohnungen in Mailand, 1970.
Von Aldo Rossi, dem Schmuckstück der *Rats*-Architektur,
garantiert bourgeois-proof, direkt von der primitiven Zeltmission
der marxistischen Fußwäscher-Adventisten.

und kenntnisreichster Schreiber über Architektur hatte er sich bald in der Zunft etabliert. Die Bezeichnung Post-Modernismus bürgerte sich als Name für alle Entwicklungen seit der allgemeinen Erschöpfung des Modernismus ein. Wie Jencks selbst mit einer gewissen Glückseligkeit bemerkte, war die Bezeichnung vielleicht zu tröstlich. Sie sagte, was man verlassen hatte, ohne einen auf irgendeine bestimmte Richtung festzulegen. Er hatte recht. Die neue Bezeichnung konnte den Eindruck erwecken, der Modernismus sei vorüber, weil er von etwas Neuem überflügelt worden sei. In Wirklichkeit waren die Post-Modernisten, seien sie nun Whites, Grays oder Rats, nie aus der schlichten kleinen Schachtel herausgekommen, die in den 20er Jahren von Gropius, Corbu und den Niederländern gefaltet worden war. Im großen und ganzen waren sie vollauf damit beschäftigt, nichts anderes zu tun, als Änderungen für dieselben engen kleinen Konzepte auszuarbeiten, die nun schon sechzig Jahre alt waren, einander zu Nutz und Frommen.

Im Mai 1980 war einer der Whites, Michael Graves, Architektur-Professor in Princeton, unter siebenunddreißig Künstlern, Komponisten und Schriftstellern, die die jährlichen Ehren und Auszeichnungen der American Academy and Institute of Arts and Letters im Audimax der Akademie entgegennahmen, der einzige Architekt. Graves erhob sich von seinem Stuhl, ging auf die Bühne und empfing den Arnold W. Brunner Memorial Prize for Architecture. Siebzehn Preise später wurde Gordon Bunshaft, inzwischen einundsiebzig und Mitglied des Ehrensenats des Instituts, aufgerufen, um die ehrenden Erwähnungen für fünf Maler vorzulesen und ihnen Umschläge mit Schecks zu überreichen. Nachdem er den letzten ausgehändigt hatte, wandte sich Bunshaft ans Publikum und sagte: »Ich glaube, dies ist

Eine der Zeichnungen in der Manier Corbusiers,
für die Graves berühmt ist:
Vorschlag für eine Brücke mit Kulturzentrum,
die, über den Red River hinweg, Fargo (North Dakota)
mit Moorhead (Minnesota) verbindet.

etwas, was Sie nicht jeden Tag zu sehen kriegen: ein Architekt, der Künstlern Geld gibt.«

Das Publikum lachte schwächlich, erkannte an, daß jemand versucht hatte, einen Scherz zu machen, kapierte ihn aber nicht ganz.

»Aber schließlich hat sich manches geändert«, sagte Bunshaft. »Früher gaben wir Architekten Preise, weil sie Häuser gebaut hatten. Heute geben wir ihnen Preise, weil sie Bilder gezeichnet haben.«

Dann setzte er sich. Kein Mucks aus dem Publikum. Nur wenige Seelen – samt und sonders Verbund-Architekten – hatten eine leise Ahnung, was er meinte. Bunshaft hatte Graves, der hinter ihm auf der Bühne saß, weder erwähnt, noch hatte er in dessen Richtung geblickt. Aber Graves war der einzige Architekt, der einen Preis bekommen hatte, und außerdem stimmte es: er hatte den Preis für Zeichnungen bekommen. Oder, eher, für seine Zeichnungen, für seine Theorien und für seinen Status als Princetons ortsansässiger White oder Neo-Purist. Auf jeden Fall nicht für Gebäude. Man konnte Graves' gebaute Strukturen an den Fingern einer Hand abzählen. »Strukturen«: ein Zusatz hier, eine Änderung da, und ein paar kleine Häuser. Sie sahen alle dank dem unerklärlichen »modernen Efeu« aus Geländern, Schläuchen und Balken, über den sich Robertson beklagt hatte, aus wie von Gerrit Rietveld im Vollsuff.

Na, wenn schon! In der neuen geistigen Atmosphäre, in der scholastischen Phase der modernen Architektur glänzte Graves' Karriere mit unmißverständlicher Strahlkraft. Es hatte etwas Niedriges an sich, wenn man viel baute. Sogar bei den Whites, den New York Five, sprach man *sotto voce* von Gwathmey und Meier als Leichtgewichten, hauptsächlich weil sie ihren Beruf ausübten und mit Architektur Geld verdienten. Meier rangierte über Gwathmey, weil er zwar

Michael Graves' Anbau zum Benacerraf House.
Unter all dem Gerrit Rietveld nachempfundenen Metall-Efeu
befinden sich ein Frühstücks- und ein Speisezimmer.

Häuser baute, aber auch in Harvard lehrte und Theorien verkündete, die hinreichend obskur waren. Sie waren jedoch nicht so gründlich obskur wie die von Graves. Wenn Graves über »Multipel-Lesarten, die einem Abstraktions-Kode inhärieren« und »einen Partizipationsgrad, der unseren reziproken Akt mit der Gestalt des Gebäudes involviert«, sprach, erreichte er fast die strukturalistischen Höhen eines Eisenman. (Fast, aber nicht ganz; Eisenman war es gelungen, *vollkommen* obskur zu werden.) An jeder wichtigen Universität des Landes kannte und diskutierte man die Graves-Methode. Die Aquarelle seiner ungebauten Gebäude waren mauve, bleu, hurtig und schrecklich schön, wie ein Gewitter. *Corbu!* Man brauchte nur »Michael« zu sagen, und jeder aufstrebende Architekt im Umkreis wußte, daß Michael Graves gemeint war.

Von Gordon Bunshaft konnte man das nicht sagen – trotz den vielen Behemoth von Glasgebäuden, die er entworfen oder bewirkt hatte. Auf dem Universitätsgelände konnte man »Gordon« oder sogar »Gordon Bunshaft« sagen, ohne mehr damit zu provozieren als einen Blick, so schwer und glasig wie die Fassade des Lever-Gebäudes.

Zum Teufel mit den Behemoth, zum Teufel mit den Riesenhäusern! Jeder aufgeweckte Architekt wußte, daß man zuallererst im intellektuellen Wettstreit der Verbünde glänzen mußte. Die ideale Karriere war die Corbu-Karriere. Es war eine unverkennbare *Reinheit* um Corbu gewesen, in seiner Karriere wie in seinen Entwürfen. Corbu hatte allein durch Intellekt und Genie triumphiert, durch Manifeste, Abhandlungen, Reden, Debatten, Zeichnungen, visionäre Pläne und die schiere moralische Kraft seiner Mission. Er war einer der größten Architekten der Welt geworden, von jedem Avantgarde-Architekten respektiert und bewundert–, hatte jene Strahlende Stadt geschaffen, die er selbst war:

Corbu – ohne Kommissionen, Kunden, Etats, Gebäude. All das kam erst viel später. Zum Schluß gab man ihm dann Aufträge wie den Chandigarh-Komplex in der indischen Provinz Pandschab. Die Kunden, die Regierungen, die Bauunternehmen, die Völker der Welt waren zu ihm gekommen, weil er die Strahlende Stadt *war,* die eine Schöpfung seines Geistes gewesen war, seines Geistes ganz allein. Sie hatten darum gekämpft, endlich seinen Verbund betreten zu dürfen, den man, und das war nur angemessen, »Purismus« nannte.

Für Graves begann dieser Prozeß erst. Die Stadt Portland (Oregon) hatte ihm gerade den Auftrag für ihr Verwaltungsgebäude gegeben. In Portland erhob sich Wut, sowohl wegen des vorgeschlagenen Entwurfs als auch wegen der Umstände, die dazu geführt hatten, daß Graves herangezogen worden war – der Einfluß Philip Johnsons wurde dabei betont –, aber die Tatsache blieb bestehen, daß es Graves' intellektuelle Siege innerhalb der Universitäts-Verbünde waren, die zu diesem seinem ersten großen Gebäude hingeführt hatten – oder doch zumindest zu dem ersten, bei dem die Möglichkeit bestand, daß es gebaut wurde. Es gab auch Dividenden; Zufall, aber lukrativ. Möbelfabrikanten begannen, die post-modernistischen Stars aufzusuchen, um sich Ausstellungs- und Verkaufsräume entwerfen zu lassen. Graves bekam den Auftrag für die Filialen der Sunar Company in New York, Chicago, Los Angeles und Houston. Venturi bekam den Auftrag, in New York neue Räume für die bekannteste aller Firmen zu entwerfen, die sich auf moderne Möbel spezialisieren, Knoll International.

In den späten Siebzigern heckten die etwas feiner eingestimmten jungen Architekten einen neuen Zugang zum Geschäft der Architektur aus. Sie schufen Firmen, welche die beiden Schienen des modernen architektonischen Wettbewerbs – daß man nämlich einerseits Gebäude baut und andererseits über Architektur theoretisiert – zu einem einzigen Einzelnen verschmolzen. Das heißt mit anderen Worten: sie verwandelten ihre Firmen in Verbünde. Sie boten einen ganz besonderen Zugang zur Tätigkeit des Entwerfens an: einen kompletten Satz neuer Formen, eine Philosophie ... und einen Philosophen, einen Sprecher, der gelehrt war, profund, sogar abstrus, wenn es das Protokoll verlangte. Die Firmen Arquitectonica, SITE und Friday Architects gehörten zu den hervorstechendsten. Das Leben im Firmen-Verbund hatte sogar etwas vom Kommunardendasein von Bauhaus oder de Stijl. James Wines von SITE war auf Architektur-Konferenzen in den Vereinigten Staaten und Europa sehr gern gesehen. Seine Ladenfronten im Stil von Magritte für die Supermarkt-Kette Best waren sowohl Skulptur oder »Environmental Art«, um einen der neuen Begriffe von heute zu gebrauchen, als auch Architektur. Auf jeden Fall machte der Aufwand von Intellekt und Talent, den SITE auf eine Ladenkette verschwendete, die Rats fuchsteufelswild. Sie dachten und dachten, und schließlich waren ihnen ein paar passende Worte zu Wines und SITE eingefallen: »Unmoralisch! Korrupt! Amerikanisch!«

Für den ehrgeizigen Architekten war eine eigene Theorie bald so lebenswichtig und natürlich wie ein eigener Telefonanschluß. Schließlich begann selbst John Portman den Druck zu spüren. Er entschied, es sei an der Zeit, eine Philosophie auszuarbeiten. Er schrieb einen Aufsatz für *Architectural Record.* Tja, Portman mag zwar das Aussehen der amerikanischen Innenstadt verändert haben, aber in dieser Liga war er ein Novize. Seine Botschaft war rundherum zu klar und verständlich. Sie war etwa so tiefsinnig und verblüffend wie ein Regentropfen. Menschen mögen Bäume und Wasser und ein menschliches Maß in öffentlichen Gebäuden, und das sollen sie auch haben ...: Theorien auf der Die-Leute-verlangen-das-schließlich-Ebene. Man kann sich vorstellen, wie da über den armen John Portman gelacht wurde!

Und trotzdem schien es den kommerziellen Giganten bald lebensnotwendig, in das neue Spiel einzusteigen; das war ja wohl das mindeste. Letzten Dezember wagte die Firma Skidmore, Owens & Merrill, jener Kommerzriese der alten *Mies*ling-Glas-Schachtel-Vogue, einen eher verzweifelten Schritt. Sie luden die Redakteure der *Harvard Architecture Review* zu einer kleinen privaten Gesprächsrunde ein, in deren Verlauf sie mit Architekten über neue Entwicklungen des Post-Modernismus debattieren sollten.

Die *Review* steuerte Graves, Stern, Steven Peterson und Jorge Silvetti bei. Sie saßen an einem U-förmigen Tisch im Harvard Club in New York und sahen sich mit einem Team von Skidmore Owens & Merrill-Architekten konfrontiert – denen sie Vorlesungen hielten, als handle es sich bei ihnen um Architekturstudenten, die sich ihre erste Konstruktionskritik anhören müssen. Die Skidmore-Gruppe führte Dias von ihren jüngsten Arbeiten vor, aus denen einwandfrei hervorging, daß sie nicht nur Glas-Schachteln wie den Lever-Turm bauen konnten. Nein: sie konnten nämlich auch kleine, untersetzte Glas-Schachteln bauen, mit runden Ecken und so. Die Post-Mods – weiß oder grau – hatten nichts dergleichen. Stern sagte: »Die Art Gebäude, die Skidmore baut, ist langweilig – groß oder klein, dick oder dünn; wenn man eins gesehen hat, kennt man sie alle.« Die Skidmores schlugen nicht einmal zurück.

Die Macht des Schicksals ... Niemand merkte, wie komisch es war, daß die – kommerziell – führenden Architekten auf dem Gebiet der großen öffentlichen Bauvergabe in Amerika freiwillig – *freiwillig?* – still auf ihren Stühlen saßen wie

Examinanden und vier Architekten um eine mündliche Abfuhr anbettelten, *anflehten,* vier Architekten, die, unter Brüdern, nichts Größeres zustande gebracht hatten als, bestenfalls, ein Gebäude von der Größe eines Einfamilienhauses. Was war denn schon so komisch daran? Nichts. So stark war der Griff, mit dem die Verbund-Mentalität, mit dem die neue Scholastik den Architektenberuf umklammert hielt.

Vincent Scully lehnte 1976 einen Preis des American Institute of Architects für Architekturgeschichte mit der Begründung ab, das Gremium habe es seinerzeit abgelehnt, Robert Venturi als Ehrensenator zu benennen. Es sei nämlich keine Ehre, sagte Scully, eine Ehrengabe von einer Organisation entgegenzunehmen, der es an jedem Gefühl mangele, denn Venturi sei »der wichtigste Architekt meiner Generation«. Ob nun diese Aussage irgendeinen ästhetisch relevanten Wert besaß, mag dahingestellt bleiben: *De gustibus non est disputandum.* Was dagegen Venturis Einfluß auf andere Architekten betrifft, so hatte Scully wieder mal irgendwie recht gehabt. Die Venturi-Fraktion war auf dem besten Wege, langsam, aber sicher die große Schlacht, die in den himmlischen Gefilden tobte, zu gewinnen. Die Whites begannen, ihre puristischen Stellungen aufzugeben – und ihren strukturalistischen Jargon gleich noch dazu. (An den Universitäten wurde der Strukturalismus als solcher von der neuen Idee der *Entropie* in seine Schranken verwiesen, welche besagte, daß es gar keine säuberlichen, logischen Tiefenstrukturen gibt; es gibt lediglich eine ungewisse, statistisch auslotbare Barnum & Bailey-Welt.) Graves begann, an überaus subtilen Variationen der Venturi-Methode zu arbeiten. Er strebte nach einer höheren Synthese von White und Gray, einer Synthese, eines Abaelard oder Duns Scotus würdig. Er benutzte nach wie vor White'sche »Abstraktions-Kodes«, aber die Kodes bezogen sich auf die vertraute architektonische Umgebung von Venturis armen mittleren Mittelklasse-Heinis. Zum Beispiel schuf er für ein Haus in Princeton einen zusätzlichen Pfosten-plus-Balken-Überhang, der aussah wie eine Skulptur von David Smith in einer Bearbeitung von Rietveld – und malte ihn blau an. Dadurch sollte eine *Resonanz* mit dem vertrauten mittel-mittleren blauen Himmel entstehen, wenn man darunter hindurchschritt. Ob das nun tatsächlich vom Betreffenden kapiert wurde oder nicht, ist auch nicht annähernd so wichtig wie die Anerkennung des intellektuellen Pfiffs bei der ganzen Sache. Später arbeitete Graves sich an die Manier, in welcher Moore mit klassischen Formen spielte, heran: namentlich an die Säulen, die er vor moderne Fassaden stellte, so dünn, daß sie, und das war beabsichtigt, wie Pappe aussahen. Die Resultate ähnelten den Kulissen der typischen Aida-Inszenierung in einem Badeort.

Das beständige Spiel mit klassischen Elementen, von Moore, Graves, Venturi und vielen anderen betrieben, mochte den Eindruck erwecken, daß sich irgendeine Wiederbelebung der klassischen Tradition abspielte. Das war natürlich nicht der Fall, denn das wäre Abtrünnigkeit gewesen. Die Architekten übten, wenn sowas anstand, freiwillige Selbstzügelung. Zum Beispiel sagten Jorge Silvetti und sein Partner Rodolfo Machado folgendes über ihre »Steps of Providence« (womit sie nicht die Stufen – oder Schritte – der Vorsehung meinten, sondern die von Providence, Rhode Island): »Kein einziges klassisches Element kann in reiner Form angetroffen werden. Sie alle sind Transformationen klassischer Motive, transformiert bis zu einem Punkt, an dem sie entweder unklassisch oder antiklassisch sind.« Ähnlich kündigte 1978 Venturi seine neue Definition der Architektur als

»Unterkunft plus Dekoration« an und sagte, er wisse, dies werde »shocking« sein. Inzwischen konnte man allgemein nur noch gähnen, denn natürlich konnte die optische Übersetzung, die Venturi seiner Definition nachreichen würde, nicht *shocking* sein. Als Beispiele präsentierte er Zeichnungen für ein *Landhaus, das Mount Vernon als Ausgangspunkt hat.* »Die Details sind vereinfacht, abgeflacht und verallgemeinert«, sagte er. »Die Reproduktion von Präsident Washingtons Mount Vernon als Haus ähnelt irgendwie Jasper Johns' Gemälde der amerikanischen Flagge.« Soviel zur Unterkunft plus Dekoration. Bob Venturi »camp«te es nur noch ein bißchen mehr auf, machte noch ein paar zusätzliche brillante und amüsante ironische Querverweise. Das Herz der echten architektonischen Dekoration, wie es die eklektischen Architekten des neunzehnten Jahrhunderts verstanden, schlug für Verschönerung und Ausschmückung, nicht für Abflachung und Verallgemeinerung. Gegen 1978 war es offenkundig geworden, daß Venturi nicht einmal, wenn man ihm eine Pistole an die Schläfe gesetzt hätte, dazu in der Lage gewesen wäre, ein originales und schmückendes Stück Dekoration hervorzubringen. Er konnte seine Hand einfach nicht dazu zwingen, eine entsprechende Bewegung zu tun, wenn ein Stück Papier in der Nähe war. Mit so einem motorischen Reflex wurde er nicht fertig. Er blieb immer noch der loyalste Untertan des Silberprinzen.

Für jeden Architekten wäre die Erkundung eines Weges, der ein neues, grundehrliches (nicht ironisches), üppiges (nicht »camp«iges) System der Dekoration für die amerikanische Architektur im ausgehenden zwanzigsten Jahrhundert bedeutet hätte, eine revolutionäre Entwicklung gewesen. Und ketzerisch wäre sie auch gewesen. Kein ehrgeiziger amerikanischer Architekt hätte das versucht, wenn er bei

Ein Modell des AT & T-Gebäudes in New York,
das hier demnächst entstehen soll.
Der Entwurf ist von Philip Johnson,
aber die Ehre gebührt Robert Venturi.

Sinnen war. Und kein Architekt, der das versucht hätte, hätte wohl auch nur den geringsten merkbaren Einfluß auf den Gang der amerikanischen Architektur gehabt. Die gesamte Struktur der Verbünde und der Klerisei hätte – mit all ihren Belohnungen seelischer oder irdischer Natur – erst mal zerlegt werden müssen.

Gegen 1978 stand es fest, daß Venturi den Kampf um die Verbünde für sich entschieden hatte. Philip Johnson ließ neue Entwürfe und Modelle für den neuen Firmensitz von AT & T heraus, der auf der Madison Avenue in New York errichtet werden sollte. Dieser Sitz wurde das berühmteste ungebaute Gebäude der siebziger Jahre. Der unterwürfigste aller *Mies*linge hatte ein Gebäude entworfen, und das Gebäude hatte ein Dach, und das Dach sah aus wie von einer Chippendale-Kommode geklaut. Philip Johnson! Endlich rutschte er nicht mehr auf den Knien herum! Und dazu hatte er vierzig Jahre gebraucht!

Johnson hatte eins begriffen: Es war ihm schließ- und endlich klargeworden, daß es in einem Zeitalter, in dem der Wettbewerb unter Künstlern esoterisch war und nicht mehr im Freien stattfand, Torheit war, wenn man einen neuen Stil frontal annahm und als »häßlich«, »unschön« oder »gewöhnlich« bezeichnete. (Das taten bereits die Bourgeois.) Der Trick bestand darin, daß man den neuen Stil im Bocksprung-Verfahren hinter sich ließ und sagte: »Schon recht, schon recht! Aber seht euch doch mal die viel avantgardistischere Position an, die ich inzwischen eingenommen habe!« Venturis Parteigänger waren wütend. Sie behaupteten, Johnson habe die Idee mit dem Kommoden-Dach und den zierlichen Büfett-Füßchen gestohlen – aus einem Aufsatz, den Venturi im März 1968 für das *Architectural Forum* geschrieben hatte. Venturi hatte ein Motel in der Nähe von Jeffersons Monticello (Virginia) erwähnt. »Die Leuchtreklame für das Motel Monticello, die Silhouette einer enormen Kommode, ist früher sichtbar als das Motel selbst.« Na bravo, Bob. Aber Venturi war nie so weit gegangen, tatsächlich so ein Ding auf das Oberteil eines Gebäudes zu stülpen. Es war, als hätte Venturi wirklich seine Gips-Madonna auf das Guild House gestellt und nicht nur davon gesprochen und stattdessen die gute alte Fernsehantenne von der Abteilung für Mühselige & Bescheuerte verwendet.

Johnsons AT & T-Kommode grenzte verderblich nahe an ... *einen splitternackten, krassen Abfall vom wahren Glauben!*

Und inzwischen deutet alles darauf hin, daß dieses auch als solcher interpretiert wird. Innerhalb des Verbundes hört man bereits, daß über Johnson geredet wird wie weiland über Edward Durell Stone nach der Enthüllung seines Tadsch Maria.

Trotzdem blieb Johnson ein Taktiker, so subtil und kunstvoll wie Venturi selbst. In Reden und Interviews gab er den Glaubensstarken bekannt, daß er, was seine Einstellung gegenüber den Kunden betraf, immer ein klassischer Modernist geblieben ist. Er sagte, sein Kunde, AT & T, sei »so scharfsinnig gewesen, uns einen Hinweis zu geben. Sie sagten: ›Bitte kein Flachdach.‹«

Das war doch sehr beruhigend! Man kann sich die Szene vorstellen: der Aufsichtsrat, der Vorsitzende des Aufsichtsrats, das ganze Auswahl-Komitee, alle zusammengenommen Repräsentanten der größten Firma in der Geschichte der Menschheit, treten an den Architekten heran, kneten imaginäre Schneebälle und sagen: »Bitte, Mr. Johnson, nicht daß wir Ihnen in irgendeiner Weise hineinreden wollten, aber wir wollten ja nur, und wenn es nicht zuviel verlangt wäre, hätten wir gern, und mehr ist es ja auch gar nicht, bitteschön kein Flachdach.«

Und was hielt der Kunde von dem, was er dann bekam?

Johnson fand die Reaktion zum Brüllen komisch. »Der Aufsichtsratsvorsitzende sagte: ›Das ist tatsächlich mal ein Gebäude!‹ Mit anderen Worten: Ein Gebäude ist ein Gebäude; aber ein Gebäude ist kein Gebäude, wenn es eine Glas-Schachtel ist. Ich weiß zwar nicht genau, was diesen Leuten vorschwebt, wenn sie an ein Gebäude denken, aber es ist, als sagte man. ›Das ist ein Haus!‹, wenn man einen Pappkarton mit Speisesalz sieht.«

Innerhalb des Verbunds konnte man sich nun ein wenig entspannen. Johnson war zwar möglicherweise abtrünnig geworden, aber *sie* waren noch nicht angesteckt. Sie zahlten nur die Rechnungen. Die große Welt dort draußen blieb so groß und so draußen wie bisher. Die neuen Massen kämpften immer noch im Schlamm des mittleren Mittelstandes. Die Bourgeoisie war immer noch verwirrt. Der Silberprinz warf nach wie vor sein Licht auf die Strahlende Stadt. Und der Kunde trug es wie ein Mann.

Bildnachweis

Bent C. Brolin: 9, 67, 80, 81, 101
Van Nostrand Reinhold Company (aus: E. Neumann, Bauhaus and Bauhaus People): 15
The Granger Collection: 17, 23, 27, 29, 31, 49
UPI: 41, 87
Don Wallace (Foto) mit Genehmigung von Edgar Tafel: 55
Hedrich-Blessing: 53
Ezra Stoller, ESTO: 81 (unten), 95, 120 (unten), 121
Edward Durell Stone Ass.: 90, 91
Norman McGrath: 120 (oben)
Max Protetch Gallery: 133
Laurin McCracken: 137

Inhalt

Knaur®

Biographien

(2363)

(673)

(75031)

(2355)

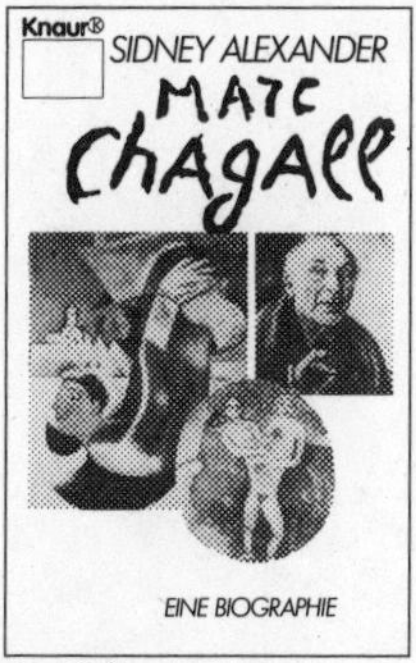

(2361)

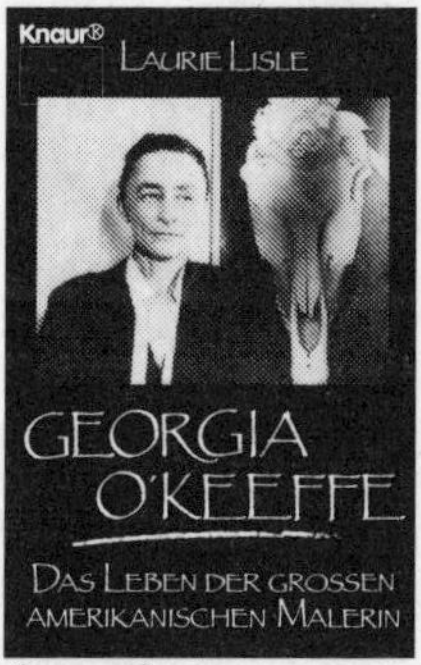

(75003)